Verlag Bibliothek der Provinz

D1698540

HEXEN.WAHN
Der Wagenlehnerprozess
in den Landgerichten Prandegg-Zellhof,
Ruttenstein und Schwertberg
1729–1731

Herausgegeben von Zita Eder
für das Volksbildungswerk
des Tourismusverbandes Bad Zell

ISBN 978-3-99028-755-2

© *Verlag* Bibliothek der Provinz
A-3970 Weitra
www.bibliothekderprovinz.at

Zita Eder (Hg.)

HEXEN.WAHN
Der Wagenlehnerprozess

in den Landgerichten Prandegg-Zellhof,
Ruttenstein und Schwertberg
1729–1731

INHALT

LERNBARE GESCHICHTE

Aus der „Geschichte" soll man lernen, Erfahrungen für die Zukunft gewinnen, Zukunft somit erlebbar machen. Auch in unserer Vergangenheit – und unmittelbaren Umgebung – ist jedoch Geschichte passiert, für die wir heute nur schwer eine Erklärung finden.

Der „Wagenlehnerprozess" – historischer Wahn-Sinn, vor unserer Haustür – ist eben auch „nur" Geschichte; schon mehrfach aufgearbeitet als Theaterstück – 1930 und 1985 – und dennoch kaum in unserer Bevölkerung angekommen.

Ereignisse aus der Vergangenheit sollen uns helfen, uns belehren. Sie sollen die Menschen, die heute ähnlich rastlos und hilflos den Machenschaften der Gegenwart ausgeliefert sind, unterstützen und stärken, um Antworten auf Unbekanntes, Dämonisches zu finden. Nehmen wir die Herausforderung des „Hexenprozesses" an und urteilen wir mit den Argumenten der Gegenwart.

Mag. Hubert Tischler
Bürgermeister Bad Zell

Bad Zeller Geschichte

Als Leiter des Volksbildungswerkes Bad Zell freue ich mich, dass im Rahmen unseres großen Theaterprojektes „Die Hexenmacher.Eine Familienausrottung" ein Buch erscheint, das sich mit einem interessanten, aber traurigen Kapitel unserer Zeller Geschichte befasst – dem „Wagenlehner-Hexenprozess".

Die verschiedenen Autor/innen und die Initiatorin, Frau Mag. Zita Eder, spannen in diesem Werk einen umfassenden Bogen über jene bewegende Zeit des 18. Jahrhunderts, von Politik über Kirche, Gesellschaft, Literatur, Historisches bis hin zum Frauenbild. Dazu darf ich gratulieren und danken.

Bedanken möchte ich mich auch beim Autor und Regisseur unseres neuen Theaterstückes Dr. Wolfgang Aistleitner, dem es hervorragend gelungen ist, die Hintergründe dieses Hexentribunals darzustellen. Wie konnte das geschehen? Wer waren die Hexenmacher?

Ich danke auch dem Verleger des Buches – Herrn Richard Pils – und wünsche ihm und uns, dass sich viele für diese geschichtliche Literatur interessieren.

Kons. Hans Hinterreiter
Leiter Volksbildungswerk Bad Zell

Einleitung

Jedes Kind, das die Zeller Volksschule besucht, hört im Unterricht irgendwann einmal von der „Wagenlehnerhexe". So war es auch bei mir, vor vielen, vielen Jahren. Für uns Kinder, die durch Märchen und Sagen mit der Existenz von Hexen vertraut waren, war damals eine Hexe nichts Besonderes, auch nicht durch den gewaltigen Unterschied, dass die Wagenlehnerin wirklich gelebt hat und zum Tode verurteilt wurde.

In meiner Kindheit waren auch noch verschiedene „Abnamen" (Schimpfnamen), wie Fankin, Zaschen oder Zuschen, als Synonyme für Hexe gebräuchlich, besonders für Mädchen, die „dickschädelig", eigenwillig und trotzig waren, in der Öffentlichkeit pfiffen oder rauchten oder sich die Lippen oder Fingernägel rot anstrichen. Und in den 1950er und 1960er Jahren wurde bei uns in Zell bei den Sonnwend- oder Petersfeuern oftmals noch die „Wagenlehnerhexe" verbrannt, und zwar in Form einer lebensgroßen Strohfigur, manchmal auch mit Knallkörpern gefüllt. So blieb das Gedenken an die Geschichte lebendig, wenn auch unter den traurigen Vorzeichen jener unheilvollen Zeit.

Das Unglück der Wagenlehnerfamilie begann, als am 20. Mai 1729 der Kreuzbergerhof zu Schönau in Flammen aufging. Bäuerin auf dem Kreuzbergerhof war damals Regina Körner, geborene Grillenberger, eine Tochter der Wagenlehnerin. Auf dem Hof lebte auch Sibilla Wenigwiser, die halbwüchsige Enkelin der Wagenlehnerin. Sibilla Wenigwiser war die Tochter von Magdalena Wenigwiser, geborene Grillenberger, einer anderen Tochter der Wagenlehnerin. Die Wenigwiser-Eheleute hatten 1722 am Schreinerhof in Schönau abgehaust und lebten fortan als Inwohner beim Köberl unterm Ellerberg. Sibillas Vater Georg starb 1723. Sibilla kam 1724, mit elf Jahren, zu ihrer Ahnl Magdalena Grillenberger auf den Wagenlehnerhof, wo sie bis 1728 lebte. In dieser Zeit war sie bereits einmal für sieben Wochen in Haft, weil sie angeblich Steine nach der Ahnl geworfen hatte. 1729 kam sie zu Regina Körner, einer jüngeren Schwester ihrer Mutter, auf den Kreuzbergerhof zu Schönau. Sibilla wurde nun der Brandstiftung verdächtigt. Im Verhör wurden ihr vom Ruttensteiner Pfleger Fangfragen über ihre Großmutter und deren vermutete Hexerei gestellt.

Die Großmutter, Magdalena Grillenberger, geborene Rab(e)l, lebte mit ihrem Mann Thomas, gebürtig aus St. Thomas am Blasenstein, auf dem Wagenlehnerhof in Aich, in der Nähe des Marktes Zell. Die Wagenlehnerin hatte neun Kinder geboren, von denen alle sieben überlebenden, wie sie selbst und ihre Enkelin, in den Hexenprozess hineingezogen wurden. Der Pfleger brachte Sibilla so weit, dass sie nach und nach bestätigte, was er ihr in den Mund legte: Die Großmutter stehe mit dem Teufel im Bunde und habe sich mit ihm vermischt, sie könne fremde Kühe ausmelken und beherrsche die Kunst der Buttervermehrung, sie habe Hostien geschändet und mit ihren Kindern am Hexenritt und Hexensabbat teilgenommen.

Daraufhin wurden die Wagenlehnerin und in der Folge auch ihre Kinder verhaftet. Die Akten berichten, dass die Wagenlehnerin und ihre Tochter Maria Merkmale von Hexen aufweisen würden, und zwar einen „trutzigen" Gesichtsausdruck, einen „großen, wilden Kopf" und ein sehr männliches Auftreten. In einem lang andauernden Prozess in Zellhof gestand Magdalena Grillenberger unter den Qualen der Folter, was ihr vorgeworfen wurde. Alle angeklagten Familienmitglieder, auch die Hauptzeugin Sibilla, wurden verurteilt und starben eines schrecklichen Todes. Beim Prozess wurde noch gegen mehr als dreißig weitere Personen wegen Zauberei ausgesagt. Sie alle überlebten den Prozess. Auch über die Prozesskosten wird berichtet. Der Prozess in Schwertberg, in dem Johann Grillenberger verurteilt wurde, kostete 123 Gulden und 16 Kreuzer. Das Gericht wurde trefflich verköstigt, im Gegensatz zu den Beschuldigten. Zum Vergleich: Der Wert eines Bauernhofs bewegte sich damals von 200 Gulden aufwärts.

Die Akten des Hauptprozesses beim Landgericht Prandegg-Zellhof und die Akten des Nebenprozesses beim Landgericht Schwertberg sind fast vollständig erhalten. Vom Nebenprozess beim Landgericht Ruttenstein gibt es allerdings keine Dokumente mehr. Transkriptionen der Originalakten sind im Oberösterreichischen Landesarchiv und auf dem Gemeindeamt Bad Zell vorhanden.

Der „Wagenlehnerprozess" gehört zu den letzten großen Hexenprozessen in Österreich, wenige Jahre vor der Regentschaft Maria Theresias, und er war der allerletzte im Mühlviertel.

Im Laufe der Jahre bin ich immer wieder Menschen begegnet, denen die Auseinandersetzung mit der Tragik der Hexenprozesse und anderen weitreichenden menschlichen Verblendungen ein ebenso großes Anliegen war wie mir. Auch heute noch werden außerhalb der Grenzen Europas Frauen als Hexen gebrandmarkt. In unserem Land ist es Usus, legitime Gleichstellungsbestrebungen schnell als „Genderwahn" zu verteufeln. Wieder und wieder stellt sich die Frage, warum Menschen zu den vielfältigsten Verirrungen und Grausamkeiten fähig sind. Eines lässt sich aber mit Sicherheit feststellen: Weder gab es noch gibt es real existierende Hexen oder Hexerei!

Im Jahr 1930 verfasste der Zeller Kaplan Lambert Stelzmüller ein Schauspiel über den Wagenlehnerprozess. Die Uraufführung erfolgte im selben Jahr. 1985 wurde das Stück anlässlich des 750-jährigen Marktjubiläums erneut in Zell aufgeführt.

Im Jahr 1997 wurde auch in Königswiesen, anlässlich des 850-jährigen Pfarrjubiläums, der „Wagenlehnerprozess" vor der Pfarrkirche aufgeführt, in einer Bearbeitung von Franz Kregl.

Ebenfalls im Jahr 1997 wurde in Pabneukirchen der 850. Geburtstag von Pfarre und Markt gefeiert und in einem historischen Festzug an die Hexenprozesse erinnert.

1998 verfasste der Bad Zeller Xaver Beyrl, damals Maturant am BORG Perg, eine Fachbereichsarbeit in Religion über den „Wagenlehner-Hexenprozess", unter anderem auch mit der Fragestellung nach „Hexen" in unserer Gesellschaft.

Seit 2002 beherbergt der Großdöllnerhof in Rechberg die Dauerausstellung „Volksmedizin und Aberglaube". Sie zeigt die Forschungsergebnisse des Mauthausener Ethnologen Mag. Dr. Dr. Kurt Lettner zu diesem Themenkomplex.

Und 2003 war eine Sonderausstellung auf dem Großdöllnerhof dem Thema „Hexen und Heilerinnen" gewidmet.

Was aber ist mit Schloss Zellhof, dem Schauplatz der Verhöre, der Inhaftierung und Verurteilung der Wagenlehnerin und ihrer Familie? Schloss Zellhof liegt in der Bad Zeller Ortschaft Zellhof. Das Gebiet war im Mittelalter Regensburger Besitz. 1347 gelangte der ursprüngliche Hof in das Eigentum der Zellhofer, die Ministerialen der Capeller waren. Bis zum 16. Jahrhundert wurde der Hof zum Adelssitz ausgebaut. Die Geschichte von Schloss Zellhof ist durch einen häufigen Besitzerwechsel gekennzeichnet.

Im Jahre 1607 vereinigten die Jörger zu Prandegg schließlich Zellhof mit ihrer Herrschaft. Von 1642 bis 1823 folgten die Salburger als Besitzer, dann die Familie Sachsen-Coburg und Gotha. In späterer Folge wurden einzelne Räumlichkeiten vermietet. 1940 kam die Gemeinde Zell mit der Besitzerfamilie überein, das Schlossgebäude als Eigentum zu übernehmen. 1959 wurde von den Mietern wiederum der Antrag auf Übertragung der Wohnungen ins Privateigentum gestellt, 1963 wurden die Wohnungskäufe per Kaufvertrag abgewickelt. Heute sind die Wohnungen der insgesamt acht Besitzer nur mehr teilweise bewohnt und Abschnitte des ehemaligen Schlosses sind ruinös. Der Keller, in dem die Wagenlehnerfamilie eingekerkert war, ist noch erhalten, mitsamt der damaligen Kerkertür. Er dient bis heute als Vorratskeller.

Eine Bad Zellerin, die im Schloss Zellhof aufgewachsen ist, hat mir erzählt, dass sie in der früheren „Hofkanzlei" geboren wurde, also in dem Raum, in dem beim Hexenprozess die Verhöre durchgeführt und die Todesurteile gefällt worden waren. Sie und einige andere, die in der Nachbarschaft des Schlosses aufgewachsen sind, haben mir auch den (wahrscheinlichen) ehemaligen Richtplatz gezeigt, in der Nähe des Geroldslehnergutes, wie es ihnen von Kindheit an erzählt wurde.

Den Wagenlehnerhof gibt es ebenfalls noch. Nach wechselnden Eigentümerverhältnissen besitzt die Bad Zeller Familie Populorum nun schon seit Jahrzehnten den Hof. Ein direkter Nachkomme der Wagenlehnerfamilie lebt in den USA. Er hat dem Wagenlehnerhof schon einmal einen Besuch abgestattet.

Der Zufall wollte es, dass ich im Jahre 2010 eine Wohnung auf dem Wagenlehnerhof beziehen konnte. Seit damals hat mich der Gedanke nicht mehr losgelassen, ein Stück des Weges der Bäuerin Magdalena Grillenberger und ihrer Familie, die hier gelebt haben, nachzuzeichnen.

Bei einer zufälligen Begegnung mit dem Waxenberger Autor, Regisseur, Schauspieler und ehemaligen Richter Wolfgang Aistleitner unterbreitete ich diesem die Idee für eine Neubearbeitung des „Wagenlehnerprozesses", mit dem Ansinnen einer „Rehabilitierung" der Wagenlehnerin und ihrer Familie.

Wolfgang Aistleitner hat diesen Wunsch in bester Weise erfüllt und die überlieferten Fakten zu einem historischen Schauspiel verarbeitet und in literarischer Weise interpretiert.

In der vorliegenden Publikation anlässlich der Uraufführung des historischen Schauspiels von Wolfgang Aistleitner „Die Hexenmacher.Eine Familienausrottung" wird die Thematik von verschiedenen Autorinnen und Autoren und von unterschiedlicher Seite her beleuchtet. Besonderer Dank gilt daher Frau Dr. Karin Neuwirth, Herrn Dr. Wolfgang Aistleitner, Herrn Dr. Dieter Eder und Herrn MMag. Pater Maximilian Schiefermüller für ihre fundierten Beiträge.

Danke auch allen, die Text- und Bilddokumente zur Verfügung gestellt haben, besonders Herrn Konsulent Josef Weichenberger vom Oberösterreichischen Landesarchiv und Herrn Friedrich Ortner von der Oberösterreichischen Landesbibliothek.

Und herzlichen Dank an Gemeinde und Volksbildungswerk Bad Zell sowie Herrn Richard Pils und seinem Team vom Verlag „Bibliothek der Provinz".

Dieses Buch ist der Familie Grillenberger gewidmet und allen unschuldigen Menschen, die Opfer ideologischer Verblendung und unrechtmäßiger Verurteilung wurden.

Lassen Sie sich ein auf ein verstörendes Kapitel unserer Geschichte!

Wolfgang Aistleitner

„DIE HEXENMACHER.
EINE FAMILIENAUSROTTUNG"

Ein Schauspiel über den historischen
Wagenlehnerprozess zu Zell 1729–1731

War das schaurig – schön: Das Märchen von der Hexe,
die nach vielen Untaten selbst gar grausam endete.
Manchmal ging's auch recht lustig zu, so etwa im
Kasperltheater, wenn die Zaubermacht der haken-
nasigen, verwarzten Hexe am bloßen Holzprügel des
Kasperls scheiterte. In der Schule wurde uns dann –
eher neutral und jedenfalls unkommentiert – gelehrt,
dass im Mittelalter Hexen verfolgt wurden und das
Ganze mit der Inquisition zu tun hatte. Und noch
einmal etliche Jahre später wurde es ideologisch:
Hexenverfolgung sei Ausdruck übelster männlicher
Machtausübung gewesen. Sie geriet damit in den
Fokus der feministischen Bewegung.

So weit meine Ausgangspunkte in Sachen „Hexen",
als ich in jüngster Vergangenheit durch eine alt-
eingesessene Bad Zellerin auf eine wirklich stattge-
habte Hexengeschichte in ebendieser Region gesto-
ßen wurde. Reich ausgestattet mit einschlägiger
Literatur zeigte sie mir auch die historischen Stätten
des Geschehens. Es geht um die Familie Grillenberger
aus Zell (heutiges Bad Zell), die dort im 18. Jahrhundert auf dem Wagenlehnerhof lebte. Diese Familie
wurde Opfer einer jüngeren Hexenverfolgung, die
sich der Methoden der Inquisition aus dem 15. und

16. Jahrhundert bediente, dabei aber die in der ersten Hälfte des 18. Jahrhunderts gültigen Gesetze nicht missachtete.

Der alte Wagenlehnerhof

Man bedenke: Hexenprozesse zu einer Zeit, da der Silberstreifen der Aufklärung schon unübersehbar war, die Philosophen der Freiheit bereits gegen Obrigkeiten aller Art anzuschreiben begannen, die römisch-katholische Religion auch andere Glaubensrichtungen neben sich ertragen musste, die Alltagskultur an Lebensfreude und Offenheit gewann, die Technik gewaltige Fortschritte machte. In einem Jahrhundert, in dem Joseph II. die Folter im Gerichtsverfahren abschaffen und mit rationaler Säkularisierung über die Kirche kommen würde, in einem Jahrhundert, gegen dessen Ende die Französische Revolution mit ihrem Fanal „Freiheit, Gleichheit, Brüderlichkeit" losbrechen würde.

Der Wagenlehnerprozess, heute noch fixer Bestandteil im Pflichtschulunterricht in der Region um Bad Zell, vor diesem historischen, politischen, kulturellen und sozialen Hintergrund – das muss auf die Bühne gebracht werden! Ich vergrub mich ins Studium der gut erhaltenen – im Übrigen tadellos transkribierten – Prozessakten, aber auch der einschlägigen Fachliteratur.

Die Fachwelt vermutet als Ursachen dieser so späten Hexenverfolgung mehrere Faktoren: beispielsweise latenten Aberglauben, mit dessen Nährstoffen bei Nachbarn Neid (etwa wegen unterschiedlicher Milchleistungen der Kühe) und Vergeltungssucht (Begleichung alter Rechnungen) schnell zu wuchern beginnen, Kompensation unterdrückter Sexualität vor dem Hintergrund der verqueren katholischen Sexualmoral, gezielte Verfolgung von Frauen in Konsequenz ihrer seit alters her praktizierten Degradierung und

Diminuierung, Kampagnisierung, ausgehend von der neueren Medizin, gegen altes Naturheilwissen. Gleichermaßen räumt die Fachliteratur aber ein, dass all das die Hexenverfolgung des 18. Jahrhunderts letztlich nicht schlüssig erklären könne. Zu unvermutet, zu grauenhaft, zu konsequent, mit zu lawinenartiger Ausbreitung, in zu irreparabler Besessenheit war diese späte Welle der Hexenverfolgung übers Land gekommen.

„Die Hexenmacher. Eine Familienausrottung"

Fürst: Gottfried Fürst (Bad Zell)
Wagenlehnerin: Elisabeth Neulinger (Waxenberg)
Bischof: Horst Populorum (Bad Zell)

Gerade an diesem Punkt setzte mein Interesse als Stückeschreiber ein. Mit der Freiheit des Autors – und davon lebt ein Schauspiel ja maßgeblich – behaupte ich, dass ein durchaus rationales Moment diese Hexenprozesse zu verantworten hat: Dem Kartell der Mächtigen – Kirche und Staat – drohte gewaltiger Machtverlust. Wie gesagt, die Aufklärung warf ihre Strahlen voraus. Aus der defensiven Überlegung heraus, das Volk doch noch mit harter, erprobter Methode disziplinieren zu können, entsann man sich der „guten, alten" Inquisition. Gewiss, im Volk verwurzelter Aberglaube, ebenso latente nachbarliche Missgunst, eine völlig verklemmte Sexualmoral, all das bildete den Humus, auf dem das Konzept der (neuerlichen) Hexenverfolgung gedeihen konnte. Aber der wahre Motor war der auf Machterhalt getrimmte Verstand. So bildet der in ein barockes Gepränge eingebettete Dialog eines Fürsten mit einem Bischof die Schlüsselszene des Dramas. Geeint werden sie durch das Bestreben, der drohenden neuen Zeit Reaktion und Repression entgegenzusetzen. Dabei kommt dem weltlichen Machthaber die Themenführerschaft zu, der geistliche Würdenträger liefert – ob nun aus Überzeugung, Naivität oder mit der Schläue des Pragmatikers – dazu die religiös-weltanschauliche, argumentative Basis. So werden sie zu „Hexenmachern". Denn das eine ist wohl gewiss: Hexen gab und gibt es nicht.

Es wäre ebenso einfach wie abgegriffen und langweilig gewesen, das Schauspiel als bloße – ohnedies nur auszugsweise – Wiedergabe der Protokolle aus den historischen Prozessakten zu strukturieren. So findet sich im Drama nur zum geringeren Teil die Schilderung von Gerichtsverhandlungen. Von mindestens ebenso großem Interesse sind die Lebensverhältnisse, aus denen die Opfer der Verfolgung kamen, mit anderen Worten ihr Alltag. Aber auch die Seite der Verfolger ist näher, also im außerberuflichen Kontext, zu durchleuchten. Was etwa treibt so ein „Freimann", so die amtliche Bezeichnung für den Folter- und Henkersknecht, privat? Wie kommt seine Frau mit ihm, der nichts dabei findet, die Folterwerkzeuge zu Hause zu reparieren, aus? Und wie kommt der Prozess im Volk an, das nach der Sensation giert, aber selbst auch ständig von amtlicher Verfolgung bedroht ist? Und deutet so gar nichts auf die neue Zeit der Aufklärung hin? Immerhin sind da ein junger Richter, der zu Beginn seiner Karriere gleich mit einem Hexenprozess konfrontiert wird, und ein alter Beichtvater, der im inkriminierten Treiben der Wagenlehnerin nichts Sündhaftes erkennen kann, aber den grauenvollen Irrweg der Kirche sieht. Können die beiden alles noch zum Erträglichen wenden? Oder sind sie bloß die Projektionspunkte für Hoffnungen auf eine andere, ferne Zeit, die anbricht, wenn der Tiefpunkt erst durchschritten ist?

Um den Wahnwitz, den Anachronismus und die Paradoxie des Wagenlehnerprozesses begreiflich zu machen, wird das Stück von einem Vorspiel eingeleitet, in dem – erzählend und nicht darstellend – das politische, kulturelle und geistesgeschichtliche Umfeld des Wagenlehnerprozesses kurz aufgefächert wird.

Dass wir zum Finale von Meldungen aus dem Totenreich nicht verschont bleiben, nach denen die Wagenlehnerin schon sehr lange und immer noch vergebens auf eine Begegnung mit Gott wartet, lässt

Fragen aufkommen: Aus welchem Grund lässt ein Wesen, in dessen Namen systematisch schreiendes Unrecht begangen wird, das alles geschehen? Wirkt es nach Maßstäben, die abseits jeglicher menschlichen Werteskala liegen? Wäre somit das katholische Glaubensgebäude vorweg eine Fehlkonstruktion? Oder gibt es ein solches Wesen ohnedies nicht?

Wolfgang Aistleitner

Zita Eder

Das Schauspiel
„Der Wagenlehnerprozess"
von Lambert Stelzmüller

Uraufführung zur Riedmarkfeier 1930

Die Riedmarkfeier in Zell und in den umliegenden Gemeinden fand zum 700-jährigen Jubiläum der urkundlichen Erwähnung der Riedmark und damit des östlichen Mühlviertels statt. In einem Güterverzeichnis (Urbar) aus dem Jahre 1230 heißt es in lateinischer Sprache: „In officio Ottonis de Celle in Riedmarch" (Im Amt des Otto von Zell in der Riedmark). In früherer Zeit wurde das östliche Mühlviertel als Riedmark, Machlandviertel oder Schwarzviertel bezeichnet. Davon kam auch der Name „Zell in der Riedmark".

1930 wurde das Schauspiel „Der Wagenlehnerprozess" anlässlich der Riedmarkfeier in Zell uraufgeführt. Die Wagenlehnerin wurde von Klara Edtmair verkörpert. Ella Mayr (verehelichte Hinterlehner) spielte die Sibilla, Anton Hinterlehner den Pfleger und Hans Hofer den Henker. Weitere Mitwirkende waren u.a.: Lina Lechner, Dominik Spendlingwimmer, Hans Tober und Julian Tober, alle aus Zell.

Der Autor Lambert Stelzmüller wurde 1888 in Liebenau geboren. Er war Priester, Heimat-

Lambert Stelzmüller

„Der Wagenlehnerprozess" 1930 in Zell

forscher, Korrespondent des Bundesdenkmalamtes und Verfasser regionalgeschichtlicher Schriften. Von 1922 bis 1935 war er Kaplan in Zell. Er starb 1946. Seine Grabstätte ist in Kefermarkt, wo er zuletzt als Pfarrer tätig war.

Die Wiederaufnahme des Stücks
„Der Wagenlehnerprozess"

1985 kam es zu einer Wiederaufnahme des Stücks im Rahmen der Feierlichkeiten „750 Jahre Markterhebung" von Zell. Auch beim historischen Festzug durch den Ort waren die zahlreichen Zeller Laienschauspielerinnen und -schauspieler in ihren historischen Kostümen vertreten. Aufgeführt wurde das Theaterstück im Pfarrsaal Bad Zell unter der Regie von Frau Hilda Fröhlich, Lehrerin in Bad Zell.

Hilda Fröhlich

Die Besetzungsliste lautete wie folgt:

Magdalena Grillenberger, die Wagenlehnerin: Maria Oberndorfer, vulgo Ober-Oirerin

Sibilla Wenigwiser, das Ahnlmensch:
Maria Höfer, vulgo Zaunertochter

Maria Zäzilia Pällerin, die junge Weißgerberin
von Zell: Gerda Hackl

Die Messerlehnerin:
Elfriede Thurnhofer, vulgo Taschengruberin

Johann Ignaz Prininger, Pfleger in Zellhof:
Josef Naderer, vulgo Groß-Wieser

Johann Georg Kipferling, Hofschreiber in Zellhof:
Franz Naderer, vulgo Leinlwieser

Kaspar Wächlhofer, Landgerichtsdiener in Zellhof:
Hermann Thurnhofer, vulgo Taschengruber

Erster Beisitzer, Hofwirt und Hofamtmann
in Zellhof: Franz Hölzl, vulgo Baumgartner

*Die Folterung der
Wagenlehnerin
durch den
Landgerichtsdiener*

Zweiter Beisitzer, Bürger in Zell:
Johann Höfer, vulgo Zauner

Scharfrichter:
Erwin Frühwirt, vulgo Teichtsepp

Das Geständnis der Wagenlehnerin vor dem Pfleger

Zum Inhalt des Stückes

I. Vorspiel im Markt

Die Messerlehnerin, die Weißgerberin (Pällerin) und die Wagenlehnerin treffen im Markt zusammen und unterhalten sich über die Butter, die die beiden Bäuerinnen der Weißgerberin anbieten. Die Weißgerberin beschuldigt die Wagenlehnerin, dass eine „Heppin" (Kröte) in der letzten Butterlieferung gewesen sei, ein Zeichen für Hexerei. Die Messerlehnerin wirft der Wagenlehnerin wiederum vor, dass ihr Ahnlmensch Billerl (ihre Enkelin Sibilla) den Kreuzbergerhof angezündet habe. Da kommt der Hofschreiber des Weges und wird beim Wort „Hexenbutter" hellhörig. Er berichtet der Weißgerberin, dass Sibilla bereits vom Landgericht Ruttenstein verhaftet wurde. Er kündigt an, dass er noch heute dem Ruttensteiner Pfleger über die Wagenlehnerin berichten werde. Die Weißgerberin beschwört ihn, es nicht zu tun:

Mein Gott, was hab i hiazt angstellt! Mir is so bang – Wann d' Wagnlehnerin vors Gricht kam – und es wurd' wieda a so wia vor dreißg Jahrn, wie s' die alt Schönauerin einzogn haben! Wia s' dazöhln, san dort so viel Leut dreinkemma, va denan's neamd denkt hätt. – San gwiß nöt alle schuld gwest! – Wann's wieda so wurd'. – Mein Gott, mir ist so angst und bang!

27

II. In der Hofkanzlei zu Zellhof

Der Pfleger liest dem Hofschreiber ein Schreiben des
Landgerichts Ruttenstein vor:

> *Sibilla Wenigwiser hat bereits gestanden, daß es
> im Hause ihrer Ahne, der Wagenlehnerin, nächt-
> licherweise umgehe und rumore, weiters, daß
> besagte Wagenlehnerin mit Ausmelken fremder
> Kühe auf zauberische Weise umgehen könne,
> und es steht zu hoffen, daß Sibilla Wenigwiser
> noch mehr gestehen wird. Die nötigen Verhöre
> hat das Ruttensteiner Landgericht schon für die
> nächsten Tage festgesetzt.*

Der Pfleger lässt nun den Landgerichtsdiener von Zellhof, Kaspar Wächlhofer, rufen und unterrichtet ihn
davon, dass ein gefährliches Unternehmen anstehe,
nämlich die Verhaftung einer Hexe. Der Hofschreiber
legt ihm nahe, dass die Wagenlehnerin eine äußerst
gefährliche Person sei. Nun erklärt der Landgerichtsdiener dem Pfleger, dass er seinen Freund, einen abge-
dankten Soldaten, in der Nacht auf den Wagenlehnerhof schicken werde. Dieser werde sich mit einer List
Einlass verschaffen. Der Pfleger weist alsdann den
Gerichtsdiener an, dass die Wagenlehnerhexe bis zum
Morgen im Haus festzuhalten sei, denn in der Nacht
hätten die Hexen große Macht. Am Morgen würde er
persönlich kommen, um eine Hausdurchsuchung vor-
zunehmen. Das alles solle in wenigen Wochen stattfin-
den und bis dahin streng geheim bleiben.

III. Gefangennahme der Wagenlehnerin

Die Gefangennahme wird wie geplant durchgeführt, was als „tableau vivant" (lebendes Bild) dargestellt wird.

IV. Gütliches Verhör beim Landgericht mit Territion (Zeigen der Folterwerkzeuge)

Pfleger: Heute gibt es ein gefährliches Verhör. Vor Hexen muß man auf der Hut sein.

Hofschreiber: Halten zu Gnaden, gestrenger Herr Pfleger, ein Kolomanisegen schützt vor jeder Hexerei. Darf ich einen bringen?

Pfleger: Schönen Dank! Hab schon einen in der Tasche. Man muß sich vorsehen. Man weiß ja nie, was einem zustößt. – He, Kaspar, ist auch Rauchwerk zugerichtet, geweihter Weihrauch, Wacholderwipfel und was sonst vor Hexerei schützt?

Nach Aufnahme der Personalien konfrontiert der Pfleger die Wagenlehnerin sogleich mit den Dingen, die bei der Hausdurchsuchung gefunden wurden. Die stinkende Salbe wird von der Wagenlehnerin als „Bachtlmaibutter" (Butter, die am Bartholomäustag gerührt wird) identifiziert. Das Pulver und das Gift seien „da gweicht Rauka" aus Maria Taferl und die angeblichen Totenbeine „Wolfsboa" zum Räuchern. Die Schrift sei ein „Kolomanisegen" und das „weiße „Papierl, rund wie eine Hostie geschnitten und mit einer Nadel ganz durchstochen", ein harmloses weißes Papier. Dieses ist für den Pfleger Anlass, die Wagenlehnerin mit dem Geständnis Sibillas über den

Hostienfrevel zu konfrontieren. Die Wagenlehnerin widerspricht heftig. Danach kommt der Pfleger auf die schwarzen „Köllerl" zu sprechen, die in einer Truhe gefunden wurden. Sibilla habe ausgesagt, dass sie der Teufel dem Wagenlehnersohn Simandl beim Hexentanz geschenkt habe. Die Wagenlehnerin bestreitet dies. Als der Pfleger wissen will, was es sonst sei, schweigt die Wagenlehnerin.

Nun weist der Pfleger den Gerichtsdiener an, den Daumenstock zu bringen. Dieser zeigt ihr die Vorgangsweise. Daraufhin wird die Wagenlehnerin ohnmächtig und wird vom Gerichtsdiener hinausgebracht. Als dieser zurückkommt, verkündet er dem Pfleger, dass die Wagenlehnerin noch einmal verhört werden wolle, um alles zu gestehen. Sie wird hereingebracht, fällt auf die Knie und bezeichnet die sogenannten Köllerl als „haslene Zapferl". Sie habe sie den Kühen eingegeben, damit sie mehr Milch gäben. Der Pfleger heißt sie aufzustehen und weiterzuerzählen. Nun fährt die Wagenlehnerin fort. Von einer Bettlerin habe sie einmal „was Gweichts in an Papierl" gekauft und von einem Arztbuben in Linz „drei Kigal", die wie kleine „rote Zitzerl" ausgeschaut hätten. Ja, und einmal habe sie „haslane Riatl" abgeschnitten und nach Hause mitgenommen. Der Pfleger befragt sie weiter nach dem Küheausmelken, dem Hexentanz beim Ofnerkreuz und dem Teufelsbündnis. Die Wagenlehnerin bestreitet alles heftig. Der Pfleger will daraufhin wissen, was es mit der schwarzen Kugel auf sich habe, die ebenfalls im Haus gefunden wurde. Er glaubt ihr nicht, dass es ein „Marmelstoan" sei, sondern beruft sich auf Bücher, die so etwas

als „Hexenschuss" bezeichnen. Nun wird die Wagenlehnerin abgeführt. Der Hofschreiber äußert Bedenken, ob dies alles für ein Verfahren reiche. Der Pfleger
aber erwidert, dass sie „die Hexe nächstens schärfer
nehmen müssen".

Das Ofnerkreuz –
vermuteter
Hexentreffpunkt

Das Ofnerkreuz aus Granit, früher aus Holz, steht in der
Ortschaft Brawinkl an der Kreuzung zwischen der Perger
Straße und der Straße nach Rechberg. Es ist im Besitz der
Familie Bauernfeind, vulgo Brunner.

V. Gegenüberstellung mit Sibilla und peinliches Verhör

Auf Anweisung des Pflegers bringt der Hofschreiber die Aussagen von Sibilla vor dem Landgericht Ruttenstein nun vor Sibilla und der Wagenlehnerin zur Verlesung:

> *Sibilla Wenigwiser hat ausgesagt: die Wagenlehnerin, gedachter Sibilla Ahnl, habe zu wiederholten Malen aus Kirchen, so Rechberg, Zell, Maria Taferl, Laab und andernwärts das heilige Gut heimgetragen, sie habe weiters vor sechs Jahren ihren Kindern und Sibilla selbes eingeheilt und sei dann mit gedacht ihren Kindern und dem Ahnlmensch zum Hexentanz beim Ofnerkreuz ausgefahren, allwo sie sie dem Teufel vorgestellt und verschrieben, ferners auch dem Teufel das heilige Gut vorgeworfen habe.*

Der Pfleger fragt Sibilla, ob das alles so gewesen sei. Sibilla bejaht. Die Wagenlehnerin ist entsetzt über Sibillas Aussagen und ermahnt sie, die Wahrheit zu sagen. Sibilla aber setzt noch nach, dass sie und die Miedl (Maria) in der Stefanienacht von der Wagenlehnerin geweckt worden seien und mit ihr auf der Straße nach Allerheiligen bis zum Kreuz, wo die Wege aufeinandertreffen, mitgehen mussten. Dort hätten sie sich niedergekniet und die Wagenlehnerin habe sich auf den Boden gelegt. Nach einer Viertelstunde seien sie wieder heimgegangen. Die Wagenlehnerin habe ein „Kandl Schmalz" beim Kreuz stehen lassen.

Die Wagenlehnerin erklärt nun dem Pfleger, dass das Betengehen ein alter Brauch sei. Dieser aber beharrt darauf, dass sie zum Hexentanz ausgefahren sei und heilige Hostien mitgenommen habe. Er fordert Sibilla auf, weiter zu berichten. Sie sagt ihrer Ahnl auf den Kopf zu, dass sie einmal aus Rechberg eine Hostie mitgenommen habe.

Die Wagenlehnerin bekennt das und erklärt dem Pfleger, wie es dazu gekommen war: In der überfüllten Rechberger Kirche sei sie zum Speisgitter gedrängt worden. Sie habe nicht abspeisen gehen wollen, weil sie nicht gebeichtet habe. Der Pfarrer habe sie aber abgespeist und ihr sei die Hostie hinuntergefallen. Sie habe sie aufgefangen und nach Hause mitgenommen. Dort habe sie sie in ein Häferl gegeben, wo sie zergangen sei.

Nun erzählt Sibilla weiter, dass die Ahnl und ihre Tochter Miedl in Zell abspeisen gewesen seien. Danach hätten sie sich die Hand vor den Mund gehalten, um keinen Wein mehr zu empfangen. Nach dem Zurückgehen hätten sie die Hostie aus dem Mund genommen, in den Schuh gesteckt und mitgenommen.

Die Wagenlehnerin hingegen berichtet, dass der Miedl der Schuh aufgegangen sei, und da habe auch sie nach ihrem Schuh gegriffen. Der Pfleger glaubt ihr nicht. Daraufhin schweigt sie und sinkt zu Boden.

Sibilla erschrickt und betont, dass sie nichts mehr sagen werde, was nicht wahr sei. Dieser Wankelmut erzürnt den Pfleger. Er droht ihr mit dem Daumenstock.

Als sich die Wagenlehnerin wieder aufrichtet, fordert sie der Pfleger auf, zu gestehen, an ihr Seelenheil zu denken und die schrecklichen Sünden zu bereuen, ansonsten würde sie zur Hölle fahren und der Teufel sich ihrer Seele bemächtigen.

Die Wagenlehnerin schweigt noch immer. Da lässt der Pfleger vom Gerichtsdiener Dreikönigswasser bringen und besprengt sie ausgiebig, damit der Teufel aus ihr entweiche. Die Wagenlehnerin zittert und schweigt. Nun lässt ihr der Pfleger den Daumenstock anlegen, um weitere Geständnisse zu erpressen. Unter Stöhnen und Schreien nennt sie weitere Orte, wo sie das heilige Gut mitgenommen habe: aus Zell, Kaltenberg und Maria Taferl. Sibilla bestätigt das:

... I muaß ja sagn! Der Damstock ...!

Nun gibt die Wagenlehnerin auch den Hexentanz zu und dass sie dem Teufel das heilige Gut gebracht habe, dass sie sich dem Teufel verschrieben und Gott und den Glauben gelästert habe. Danach fordert der Pfleger wieder Sibilla auf, zu erzählen, wie die Wagenlehnerin ihr und den Kindern das heilige Gut eingeheilt habe: Sie habe mit „an Schniatzal" die Haut aufgeschnitten und das heilige Gut hineingetan. Der Pfleger zeigt der Wagenlehnerin das Messer, das man in ihrer Truhe gefunden hat.

Sibilla berichtet weiter, dass die Ahnl sie alle mit einer „gelben Schmier" eingeschmiert habe. Dann seien sie miteinander beim Rauchfang ausgefahren zum Ofnerkreuz. Das habe eine halbe Stunde gedauert. Der Pfleger will nun von Sibilla wissen, was dort vor sich gegangen sei. Sibilla erzählt, wie sie dem Teufel das heilige Gut hingeworfen hätten und darauf herumgesprungen seien. Die Ahnl habe sie dem

Teufel vorgestellt, ihnen mit einem Messer die Haut aufgeschnitten, bis drei Blutstropfen herausgeronnen seien. Mit den Blutstropfen habe sie der Teufel alle in „a wilds Buach einigschriebn". Dann hätten sie den Glauben verleugnen müssen, seien umgetauft worden und hätten den Teufel als Gödn bekommen. Anschließend sei gegessen, getrunken und getanzt worden.

Nun nötigt der Pfleger die beiden noch, ihm weitere beteiligte Personen zu nennen. Die Wagenlehnerin bestätigt, die Messerlehnerin, die Schalhasin und die Weyrerin gesehen zu haben. Sibilla nennt die Bäurin zu Schönau und die alte Pölzin. Schließlich zählt die Wagenlehnerin noch weitere auf: die Bäurin z' Lanzendorf, die Moarin z' Oach, die Großhametnerin und die junge Weißgerberin zu Zell.

Der Pfleger lässt Sibilla und die Wagenlehnerin abführen und veranlasst, dass sie sofort verhaftet werden.

VI. Verhaftung der Pällerin

Der Hofschreiber kommt mit dem Landgerichtsdiener Kaspar:

Kaspar, ihr wißt, was es gilt. Die junge Weißgerberin soll zum Landgerichte eingebracht werden. Mit dem Marktrichter habe ich schon gesprochen, daß er uns nichts in den Weg legt. Wir warten nicht, bis er sie uns überantwortet, sondern verhaften sie gleich selbst. Es ist zwar nicht ganz nach des Marktes Recht und Herkommen, allein die Sache ist zu wichtig. Die Verhaftung

muß rasch und ohne Lärm geschehen. Kommt,
Kaspar! – Doch nein, wartet. Da kommt sie ja
selbst daher. Welch ein Zufall! Das macht uns die
Sache leichter.

Der Hofschreiber druckst verlegen herum, als er die
Weißgerberin wegen der Wagenlehnerin anspricht,
weiß er doch, dass sie ihn immer wieder gerne gesehen
hat. Die Weißgerberin ist entsetzt, doch der Hofschreiber bleibt ungerührt und lässt sie sogleich verhaften und in den Kerker abführen.

VII. Letztes Verhör

Der Pfleger bemerkt:

Ich hoffe, heute werden wir die Alte, die Wagen-
lehnerin, zum letzten Male verhören. Was sie im
peinlichen Verhör gestanden hat, genügt für
einen Schuldspruch. Auch die Mitschuldigen hat
sie uns bereits genannt. Sind alle geständig bis
auf zwei. Die Messerlehnerin und die Pällerin,
die leugnen noch. Herr Hofschreiber, sind die
Protokolle über die Verhöre mit den zweien zur
Hand?

Nun lässt der Pfleger die Messerlehnerin vorführen
und befragt sie. Die Messerlehnerin bezichtigt die
Wagenlehnerin, ihr die Kühe verhext zu haben. Dann
wird die Wagenlehnerin vorgeführt. Der Pfleger
konfrontiert die beiden Frauen mit ihren jeweiligen
Aussagen. Schließlich wird auch die Weißgerberin
vorgeführt. Die Wagenlehnerin beteuert, dass sie den

beiden nichts Schlechtes wolle. Der Pfleger lässt nun Sibilla vorführen. Diese beschuldigt sowohl die Messerlehnerin als auch die Weißgerberin, sie beim Hexentanz gesehen zu haben. Und sie habe Geld bekommen, damit sie nichts verrate. Die Wagenlehnerin rät den beiden Frauen, zu gestehen. Der Pfleger will aber ein Geständnis von ihr, dass die beiden beim Hexentanz dabei gewesen seien und droht mit Folter. Daraufhin gibt die Wagenlehnerin alles zu. Der Pfleger lässt alle abführen und weist den Hofschreiber an, ein Schreiben an den kaiserlichen Bannrichter zu verfassen, dass das Verfahren gegen die Hexe bald abgeschlossen sei.

VIII. Auf dem Richtplatze

Der Hofschreiber und die zwei Beisitzer haben sich auf dem Richtplatz eingefunden, unterhalten sich über die Schandtaten der Wagenlehnerin und sehen sie als bewiesen an. Daher fordern sie Gerechtigkeit und Strafe für die Hexe ein. Der Hofschreiber erläutert das Urteil:

So hört noch einmal, wie das Urteil lautet: Magdalena Grillenberger, die Wagenlehnerin, ist schuldig erkannt der Hexerei und Zauberei, des Frevels mit geweihten Hostien, auch daß sie ihren Glauben verleugnet und sich selbst dem Teufel verschrieben, nicht minder, daß sie ihren Kindern und dem Ahnlmenschen Sibilla Wenigwiser das hochwürdige Gut eingeheilt und selbe dem Teufel beim Hexentanz vorgestellt habe.

Darob ist sie verurteilt: Sie solle auf dem Weg zur
Richtstatt zweimal mit glühenden Zangen in die
Brust gezwickt werden – es ist bereits geschehen,
wie ihr selbst mitangesehen habt. – Dann soll
man ihr die rechte Hand abhauen – und das
wird hier geschehen. – Zuletzt soll sie erdrosselt,
ihr Leichnam auf dem Scheiterhaufen verbrannt
und die Asche in den Wind gestreut werden.

Der Henker trifft auf dem Richtplatz ein, hinter ihm
die Wagenlehnerin sowie der Pfleger und andere
Leute.

IX. Hinrichtung
(Abhauen der rechten Hand)

Die Hinrichtung wird ebenfalls wie zuvor beschrieben als lebendes Bild dargestellt.

Karin Neuwirth

Rechtliche und soziale Positionen der Frau(en) im frühen 18. Jahrhundert

Die ständische Gesellschaftsordnung

Für den Beginn des 18. Jahrhunderts ist von einer Bevölkerungszahl von etwa zwei Millionen Menschen auf dem Gebiet des heutigen Österreich auszugehen; im Land ob der Enns waren es etwa 500.000. Der überwiegende Teil davon lebte in den ländlich-bäuerlichen Strukturen der Grundherrschaften; nur etwa 10 % in Städten, die damals im Schnitt 2.000 bis 5.000 Einwohnerinnen und Einwohner hatten. Die Gesellschaft des beginnenden 18. Jahrhunderts war immer noch – wie schon seit dem Mittelalter – nach Geburts- und Berufsständen gegliedert. Diese sozialen Stände umfassten Adel, Klerus, Bürgertum und Bauernschaft. Die städtische und bäuerliche Unterschicht aus Tagelöhnern, Dienstboten, Gesindeleuten, Knechten und Mägden stand außer- bzw. unterhalb dieser ständischen Gruppen. Auch Andersgläubige (also alle, die nicht dem katholischen Glauben angehörten) sowie unehelich Geborene galten als nicht standeszugehörig. Weiters standen Angehörige sogenannter unehrenhafter Berufe (wie etwa Abdecker, Henker, Totengräber und Prostituierte) und die Unbehausten (umherziehende Bader, Schausteller, Kesselflicker, Lumpensammler, Hausierer, Landstreicher und Bettler) außerhalb der Ständeordnung. Sie alle hatten keine Rechte bzw. waren sie darauf angewiesen, dass sie von der ständischen Bevölkerung geduldet wurden.

Die ständische Gesellschaft war vom Prinzip der Ebenbürtigkeit geprägt. Dieses forderte die Gestaltung aller rechtlichen Beziehungen innerhalb des eigenen Standes – insbesondere auch bei Eheschließungen. Ein Überschreiten der Standesgrenzen war nicht bzw. nur selten möglich; die Hierarchie zwischen Standesungleichen wurde streng gewahrt. Verstöße dagegen und nichtstandesgemäßes Verhalten brachten Nachteile, Standesverlust oder Bestrafung mit sich. Sozialer Aufstieg war nur in bestimmten Konstellationen möglich. Unterschiede zwischen den Menschen und das Schicksal der Geburt (in einen bestimmten Stand) wurden als gottgewollt angesehen und zur Aufrechterhaltung der öffentlichen Ordnung von Seiten der Privilegierten so begründet.

Gewöhnlich konnten sich eher Männer denn Frauen eine unstandesgemäße Heirat erlauben: So ehelichte etwa der (verarmte) Adelige eine (wohlhabende) Bürgerstochter oder heiratete der Bauer eine seiner Mägde ohne Ehrverlust. Denn neben der Ebenbürtigkeit prägte die Munt das Rechtssystem. Diese bedeutet ein Herrschafts- und Schutzverhältnis zwischen Muntwalt und Muntunterworfenen. Die Frau stand als Ehefrau grundsätzlich unter der Ehemunt (Ehevogtei) ihres Mannes, und somit wirkte zwischen den Geschlechtern eine weitere Hierarchieebene, deren Umkehr grundsätzlich nicht in Frage kam. Die Frau war ihrem Ehemann Gehorsam schuldig; er vertrat sie gegenüber Dritten und verwaltete bzw. nutzte ihr Vermögen. Einzig im städtischen Raum, wo auch verheiratete Frauen juristisch und wirtschaftlich selbständig agieren konnten, war es möglich und üblich, dass beispielsweise eine Handwerkertochter oder -witwe einen Gesellen heiratete und diesen in ihr Haus aufnahm. Umgekehrt konnte es jedoch gerade Töchtern aus Handwerkshaushalten passieren, dass sie sich im Fall der Insolvenz oder des Todes der Eltern in fremden Haushalten als Mägde verdingen mussten, während ihren Brüdern die Möglichkeit einer Lehre oder eines Studiums und damit des Standeserhalts offenstand. Die Rechtsposition einer Frau bestimmte sich also nicht nur auf Grund ihres Geschlechts, sondern auch oder insbesondere durch ihre jeweilige Standeszugehörigkeit und ihre konkreten Lebensumstände.

Herrschaftsgrundsätze und Rechtspflege

In allen habsburgischen Ländern waren zumindest vier (politische) Stände in den Landtagen repräsentiert. Diesen stand der regierende Landesfürst als Landesherr gegenüber. Üblicherweise setzten sich die Landstände aus Prälaten (kirchlichen Würdenträgern), Herren (hoher Adel), Rittern (niederer Dienstadel) sowie Vertretern der landesfürstlichen Städte und Märkte (Bürgertum) zusammen. In Tirol entsandten auch die (freien) Bauern ihre Vertretung in den Landtag. Der Ritterstand verlor im Laufe der Geschichte und durch Verfestigung staatlicher Strukturen zunehmend seine Bedeutung als Kriegsstand und damit auch an Einfluss. Adelige Vorrechte bestanden jedoch weiterhin, und auch hohe Ämter blieben den Adeligen vorbehalten. Diese waren als Grundherren (Herrschaft) Gerichts- und Verwaltungsinstanz ihrer unterworfenen, ansässigen Bauern. Im Prälatenstand kann – insbesondere nach der gewaltsamen Durchsetzung der Gegenreformation und der Rekatholisierung ab Mitte des 17. Jahrhunderts – von einer Vormacht der Äbte und Pröpste traditioneller Orden und Klöster gesprochen werden. Auch diese hohen kirchlichen Funktionsträger waren üblicherweise Abkömmlinge adeliger Familien und agierten entsprechend repräsentativ. Gerade Klöster betrieben große grundherrschaftliche Ländereien mit abhängigen Bauern. Der niedere Klerus hingegen lebte gemeinsam mit den bäuerlichen oder städtischen bürgerlichen Schichten und rekrutierte sich oft auch aus diesen. Aufgrund ihrer Zugehörigkeit zum Klerus hatten aber auch einfache Landpfarrer Privilegien und bedeutenden Einfluss auf die Bevölkerung. Die Stände erhielten sich lange Zeit ihre Autonomie in Fragen der Aufnahme in ihren Stand. Erst ab dem 17. Jahrhundert setzte der Landesfürst seinerseits auch ein Nominierungsrecht durch, und in dessen Folge kam es zum Aufstieg von bürgerlichen Beamten und Unternehmern in den Adelsstand (Nobilitierung).

Das meist jährliche Zusammentreten der Landtage zum Zweck der politischen Beratung zwischen Landesfürst und Landständen, insbesondere über Regalien und Steuern (Natural- bzw. Geldleistungen), wurde zunehmend zur Bühne von Machtdemonstration und Konkurrenz. Ein bedeutendes Zeremoniell in den Landtagen stellte jenes der Erbhuldigung dar, welches der Anerkennung und Festigung der Herrschaft des Landesfürsten diente und bestehende Lehensbindungen bestätigte. Frauen spielten in diesem System der politischen Repräsentation und Machtverteilung die längste Zeit keine Rolle. Die österreichischen Länder waren zwar seit dem 12. Jahrhundert ein sogenanntes Weiberlehen (privilegium minus 1156), sie konnten demnach subsidiär (beim Fehlen männlicher Erben) an eine sogenannte Erbtochter fallen. Daher war auch eine Frau als Regentin denkbar. Die erste Regentin Österreichs und damit Landesherrin aller habsburgischen Länder wurde schließlich im Jahr 1740 Maria Theresia. Nach ihrem Tod 1780 folgte bis zum Ende der Monarchie abermals eine rein männliche Erblinie. Die Regelung der subsidiären weiblichen Erbfolge galt für die landesfürstliche – quasi gesamtstaatliche – Ebene, teils jedoch auch für die landständische Ebene – also die untergeordneten Grafschaften. Letztere waren dennoch männlich dominiert, denn Adelsfamilien sorgten durch Heirat, (gegenseitige) Erbverträge oder allenfalls Adoption dafür, dass primär in männlicher Linie vererbt wurde bzw. weibliche Herrschaft ein vorübergehendes Phänomen blieb. So nahmen insbesondere adelige Witwen Platzhalterinnen- und Herrschaftsfunktion für ihre minderjährigen Söhne ein oder vertraten Ehefrauen vorübergehend in einzelnen Amtsfunktionen ihre abwesenden Ehemänner. Anders als in Nord- und Mitteldeutschland gab es in den österreichischen Ländern keine Reichsäbtissinnen, denen sowohl in ihrer Funktion als Klostervorsteherin als auch als Herrin über die zugehörigen Grundherrschaften politische Mitbestimmungsrechte auf übergeordneter Ebene zugekommen wären.

Während mittelalterliches Recht eine durch traditionelle, lokale Gewohnheiten gebildete Rechtsordnung war, setzte sich in der Neuzeit zunehmend die Rechtssetzung und Kodifikation neuer Regelungen durch, was Vereinheitlichung und Machtkonzentration bewirkte. Die allgemeine Rechtspflege (Verwaltung und Gerichtsbarkeit) oblag den Obrigkeiten, in erster Linie dem Landesfürsten, der seine Macht mit den landständischen Institutionen teilte oder unmittelbar durch Beauftragte (Beamte) ausüben ließ. Die vormals rein autonomen Entscheidungen der Grundherren auf dem Land bzw. der Ratsversammlungen der Städte wurden zunehmend von den Landesoberen kontrolliert und beeinflusst. Letztentscheidungs- und Begnadigungsrechte wurden im Laufe des 17. Jahrhunderts endgültig zum landesfürstlichen Vorrecht, und ab Mitte des 18. Jahrhunderts setzte eine äußerst rege Kodifikationstätigkeit ein. So wurden laufend neue Gesetze erlassen und entsprechende bürokratische Neuordnungen sorgten für eine einheitliche Durchsetzung der Regelungen. Rechtswissenschaft wurde seit dem Mittelalter an den Universitäten in vier Fächern gelehrt: Kirchenrecht sowie römischrechtliche Pandekten, Institutionen und der Codex. Erst zu Beginn des 18. Jahrhundert erfolgte erstmals die Besetzung neuer Lehrstühle, darunter etwa jener für Staatsrecht, aber insbesondere jener für praktisches Prozessrecht. So kam es zu der lange überfälligen Systematisierung des Straf- und Zivilprozessrechts; Vorreiter waren ab

1716 im süddeutschen Raum die Universitäten Freiburg im Breisgau, Innsbruck und Prag; Wien folgte erst 1753. Bis diese Umbrüche in der Juristenausbildung jedoch auch in der Praxis ankamen, mag es lange gedauert haben. Gerade im Prozessrecht gab es kaum wissenschaftliche Publikationen, ja nicht einmal publizierte Gerichtsordnungen, und so wurde nach Gerichtsbrauch der jeweiligen Herrschaft agiert.

Adelige Damen, Kauffrauen und Bäuerinnen

Die Position adeliger Frauen war durchaus unterschiedlich – die Zugehörigkeit zum Hochadel oder zu niederen Adelsschichten sowie die familien- und erbrechtliche Stellung einer Frau waren entscheidend. Zwar verfügte der Adel über Ländereien und erhielt Abgaben der grunduntertänigen Bauern, doch war Adelsstand nicht zwingend mit großem Reichtum verbunden. Einzig als Erbtochter eines Geschlechts war eine adelige Frau politisch entscheidungsberechtigt; als Ehefrau formell jedoch wie jede andere ihrem Ehemann unterworfen. Zwar leitete sie das Hauswesen, was je nach Umfang der adeligen Güter und Zahl der Bediensteten entweder reine Repräsentation oder hartes Wirtschaften bedeuten konnte. Eine Rechtsgleichheit oder rechtliche Selbständigkeit für Frauen des Adels gab es jedoch nicht. Wie bereits ausgeführt, versuchte der Adel im Normalfall die männliche Erbfolge zu bewahren und Töchter allenfalls möglichst geschickt als Heiratskandidatinnen auszuspielen. Grundsätzlich setzte man bezüglich der Töchter einen

Erbverzicht voraus, womit auch alle Ansprüche auf politische Macht obsolet wurden.

Fand sich keine standesgemäße Heiratsmöglichkeit, blieb meist nur der Rückzug ins Kloster bzw. ein adeliges Stift, was zwar ein unbelastetes, aber wohl auch wenig erfüllendes Leben mit sich brachte. Allenfalls lebten unverheiratete adelige Töchter weiterhin bei ihrer Verwandtschaft. Sie konnten dann entweder mit Erziehungs- oder Verwaltungsaufgaben innerhalb der Familie betraut werden, was sie quasi zu privilegierten Bediensteten machte, oder sich einer künstlerischen oder wissenschaftlichen Begabung widmen. Rechtliche Selbständigkeit war auch diesen Frauen kaum möglich; formal hatten auch sie einen Muntwalt bzw. bedurften sie einer männlichen Vertretung in Rechtsangelegenheiten. Die persönlichen Freiheiten konnten aber durchaus relativ groß sein.

Auch in den Städten gab es kein einheitliches Bürgertum, sondern verschiedene nach Wohlstand und Ansehen differenzierte Schichten. An der Spitze standen die ratsfähigen Patrizierfamilien, deren Vertreter in der Stadtversammlung gemeinsam die politischen Entscheidungen trafen und rechtliche sowie wirtschaftliche Kontrolle ausübten. Frauen waren im Rat selbst nicht vertreten; sie genossen jedoch als Familienangehörige die gesellschaftlichen Vorteile der Honoratiorenschicht. Die Töchter dieser Familien waren entweder aufgrund ihrer hohen Mitgift oder als Garantinnen eines allfälligen gesellschaftlichen Aufstiegs beliebte Heiratskandidatinnen. Unterhalb dieser städtischen Oberschicht findet sich dann die Mehrheit der gewerbetreibenden Bürger und

Bürgerinnen der Stadt. Kauf- und Handwerksfrauen nahmen hier meist eine den Männern ebenbürtige Stellung ein – sie wirtschafteten frei und mit gleicher juristischer Verantwortung wie diese. Besondere Bedeutung kam dabei den verschiedenen Zünften als Selbstorganisation der Handwerks- und Handelsgruppen zu. Mancherorts nahmen Frauen als Betriebsinhaberinnen in den Zünften eine den Männern gleichwertige – weil entscheidungsbefugte – Position ein. Aber auch jene Zunftgruppierungen, die Frauen nicht als Vollmitglieder akzeptierten, übten jedenfalls Schutz- und Versorgungsfunktionen für Witwen und Waisen der männlichen Zunftmitglieder aus. Dies bedeutete jedoch meist auch wieder Abhängigkeit von der Entscheidungsgewalt eines männlichen Vormunds bzw. Verantwortlichen.

Die der Frau obliegende Leitung eines städtischen Haushaltes konnte, auch wenn sie selbst kein Gewerbe oder Handwerk ausübte, aufgrund der Größe des zugehörigen Wirtschaftsbetriebs und der Anzahl der zum Haus gehörenden Angestellten durchaus große wirtschaftliche Verantwortung und hohes Ansehen bedeuten. In der Gruppe der Kleingewerbetreibenden kämpften Frauen aber oftmals mit wirtschaftlichen Schwierigkeiten, denn sie mussten als Ehefrau und Mutter das ökonomische Missgeschick ihrer Männer mittragen, welches unmittelbar auf die Kernfamilie und deren Versorgung wirkte.

Die Gruppe des Bildungsbürgertums (Juristen, Ärzte, Lehrer, Beamte) gewann erst im Laufe der Zeit an Bedeutung. Auch hier nahmen Frauen ausschließlich die ihnen im Eherecht zukommende Stellung der dem Mann zu Gehorsam verpflichteten und von ihm vertretenen Ehefrau ein. Inwieweit mit dieser Position der bürgerlichen Hausfrau wirtschaftliche Verantwortung oder hohes Sozialprestige verbunden war, dürfte sehr unterschiedlich gewesen sein. Die beruflichen Funktionen selbst waren ihnen nicht zugänglich.

Obwohl der bäuerliche Stand im Vergleich zu den anderen der niedrigste war, fanden sich gerade hier, aber regional sehr unterschiedlich ausgeprägt, zahlreiche Beispiele einer Rechtsgleichheit von Frauen und Männern. Bäuerlicher Grund und Boden wurde oftmals von einem Ehepaar gemeinschaftlich bewirtschaftet, verwaltet und vor dem Grundherrn vertreten. Damit waren Frauen bei bäuerlichen Gütergemeinschaften im Innenverhältnis mitentscheidungsberechtigt und nach außen hin prozessfähig, obwohl sie ebenfalls unter ehelicher Munt standen. Starb das männliche Familienoberhaupt, führte die Bauersfrau oftmals – ähnlich einer adeligen Geschlechtsgenossin – den Betrieb alleine weiter, entweder bis sie sich wieder verehelichte oder bis der älteste Sohn das Mündigkeitsalter erreichte und die Nachfolge des Vaters antreten konnte.

Heilkundige, Hebammen und Hexen

Die Verbindung der Idee der Hexerei insbesondere mit Frauen ist wohl durch mehrere Ursachen erklärbar. Negatives versuchte man über Jahrhunderte mit Gebeten sowie abergläubischen Sprüchen, Zeichen und Ritualen zu vermeiden. Genauso konnten umgekehrt aber Naturerscheinungen und Krankheiten oft nur als Wirkung eines schädlichen Zaubers erklärlich gemacht werden. Insbesondere Gesundheit und Krankheit waren Bereiche, die als unter weiblichem Einfluss stehend gesehen wurden. Frauen waren gegen Ende des Mittelalters im europäischen Raum die Einzigen gewesen, die auf Grund von Erfahrung, Beobachtung und Überlieferung als naturheilkundig gelten konnten. Gelehrte Ärzte beschränkten sich wegen kirchlicher Verbote auf oberflächliches Handeln und bloße Vermutungen; sie sahen Krankheiten weithin als gerechte Strafe für religiöse Vergehen an und konnten keine wirkliche Hilfe anbieten. Überdies agierten diese universitär gebildeten Mediziner primär in höheren Kreisen. Die Kontrolle und Beeinflussung der breiten Masse blieben ihnen noch entzogen. Von vielen Forscherinnen und Forschern wird daher das Phänomen der Hexenverfolgung als wichtiges Instrument der Verdrängung der Frauen aus den Heilberufen gesehen. Die Ausrottung von heilkundigen Frauen war Voraussetzung für die Umformung der Medizin zur männlichen Wissenschaftsdisziplin unter Beibehaltung der klerikalen Kontrolle.

Neben dem angerichteten Schaden, der Tatbestandsmerkmal des Delikts der Zauberei bzw. Hexerei war, wurden der Pakt mit dem Teufel und die Teufelsbuhlschaft, also die sexuelle Vereinigung mit dem Teufel, als Fakten angenommen. Nach frühneuzeitlicher „gelehrter" Einschätzung war die Frau jedenfalls der schwächere, minderwertige, jedoch enger mit der Natur und dem Unkontrollierbaren verbundene Teil der Menschheit. Dies bildete die Erklärung für das in vielen theologischen und philosophischen Schriften verbreitete Bild der scheinbar größeren sexuellen Gier der Frau, die daher auch besonders leicht zum Bund mit dem Teufel verleitet werden könne. Sowohl von kirchlicher als auch staatlicher Seite galt es folglich als besondere Pflicht der Frauen, die Kontrolle der (eigenen) Sexualität bzw. die Aufrechterhaltung der Schamhaftigkeit der gesamten Gesellschaft zu gewährleisten. Texte in Gebetsbüchern für Frauen und Formulierungen von Sexualstrafdelikten belegen diese Erwartungen einer besonderen Keuschheit des weiblichen Geschlechts. Auf Grund all dieser übersteigerten Annahmen wurde weiblichen Opfern sexualisierter Gewalt immer eine Mitschuld und Mitverantwortung an den verpönten sexuellen Handlungen angelastet. Diese Sicht auf die Sexualität und die öffentliche Moralkontrolle machten die Frau in einer Täter-Opfer-Umkehr generell zur Verführerin, die keinen Schutz, sondern Strafe verdiente.

Auch die Gebärfähigkeit der Frau und ihre enge Verbindung zum Neugeborenen fügten sich in ein Schema frauenfeindlicher Annahmen und Zuschreibungen. Geburtenkontrolle und Geburtshilfe waren die Domäne der Frauen – und sie wurden damit von vorneherein verdächtig. Insbesondere Hebammen gerieten oft in die Fänge der Hexenverfolgung. Ihnen wurde allein auf Grund ihrer Tätigkeit unterstellt, Neugeborene unmittelbar nach der Geburt dem Teufel zu verschreiben und diese zu verhexen bzw. absichtlich Fehl- und Todgeburten auszulösen, um aus den toten Körpern zauberkräftige Mittel zu brauen. In den Städten bestellte, also hauptberufliche Hebammen unterlagen besonders strengen Vorschriften. Sie sollten jede Schwangerschaft und selbst Verdachtsfälle melden, denn Frauen standen in Zusammenhang mit Schwangerschaft und Geburt grundsätzlich unter besonderer öffentlicher Kontrolle. Der Kindsmord – also die Tötung des Neugeborenen während oder kurz nach der Entbindung – war das einzige Delikt, das per definitionem nur von Frauen begangen werden konnte. Dabei verschwammen die Grenzen zwischen Fällen eines natürlichen oder eines durch Vernachlässigung herbeigeführten Todes des neugeborenen Kindes und Fällen der bewussten Tötung bei einer verheimlichten bzw. unerwünschten Schwangerschaft. Damit schloss sich auch der Kreis zur Problematik der von den Frauen erwarteten Sexualitätskontrolle – die Verantwortlichkeit wurde jedenfalls ihnen aufgebürdet. Die Debatten um das Delikt des Kindsmords sollten schließlich zum Paradebeispiel der aufgeklärten Rechtswissenschaft und des Wandels vom reinen „Tatstrafrecht" hin zum sogenannten „Täterstrafrecht" – hier konkret „Täterinnenstrafrecht" – werden. Dies bedeutete die Abkehr von der bloßen Feststellung einer Tat hin zur Anerkennung der psychischen Konstitution, unter der eine Person die Tat begangen hat.

Einzelne Wissenschaftsdisziplinen versuchen, die Massenverfolgung und Tötung von Hexen (und Zauberern) als psychologisches, gleichsam wahnhaftes Phänomen zu interpretieren. Anders sei die enorme Verbreitung und die extreme Grausamkeit nicht zu erklären. So sieht dieser Ansatz das Mittelalter als Lebenswelt unreifer, an Magie glaubender und von

Autoritäten beherrschter Menschen, während die Neuzeit den affekt- und triebkontrollierten, autonomen Menschen hervorgebracht habe. Der Übergang zu dieser Affektkontrolle sei im Rahmen der Ausrottung aller unerklärlichen Ereignisse bzw. der damit vermeintlich in Verbindung stehenden Personen erfolgt. Warum dennoch auch nach Einsetzen der Aufklärung und bis hinein ins 18. Jahrhundert Menschen wegen Hexerei angeklagt wurden, lässt sich damit allerdings nicht erklären. Aus frauenspezifischer Sicht kann die Hexenverfolgung schlicht auch als Reaktion männlicher Herrscherkreise auf eine zunehmend sichtbare emanzipatorische Entwicklung gesehen werden. Das vermehrte selbständige Agieren von Frauen, insbesondere auch in der Wirtschaft, und ihre offensichtlich gewordenen Kenntnisse im naturwissenschaftlichen Bereich stellten eine reale Bedrohung traditioneller männlicher Macht dar.

Der Höhepunkt der Verfolgung von Hexen und Zauberern ist im deutschsprachigen Raum für die Zeit zwischen 1530 und 1660 anzunehmen. Eine genauere Bezifferung der verurteilten und getöteten Frauen und Männer ist immer noch unmöglich, da kaum Akten erhalten sind. Es gibt primär Quellen der Verfolger-Seite, erwartungsgemäß jedoch keine oder kaum Aufzeichnungen der Opfer bzw. ihrer Verteidiger. Auch Gegner der Prozesse bzw. Kritiker der Definition des Delikts äußerten sich nur spärlich, weil sie damit Gefahr liefen, selbst als Mittäter angeklagt zu werden. In Oberösterreich lassen sich insgesamt rund fünfzig Hexenprozesse dokumentieren, wobei keine besonders spektakulären Anklagen erfolgt sind, d.h. nie Adelige oder Kinder angeklagt waren. Es gab jedoch in den Jahren 1694/95 und 1729 – 1731 noch zwei große Prozesse mit mehreren Hingerichteten; also bereits nach Ende der europaweiten großen Massenverfolgungen, was durchaus wieder als Besonderheit zu sehen ist.

Erst die Aufklärung als Beginn der modernen Naturwissenschaft sowie die individualistische Sichtweise des Menschen und die einsetzende Neubeurteilung der Strafrechtspflege konnten das Ende der Hexenverfolgung einleiten. Das Delikt der Hexerei bzw. Zauberei blieb formell noch einige Jahrzehnte erhalten, wurde aber zunehmend als Aberglaube gewertet und nicht mehr angeklagt. Grundsätzlich wurden erzwungene Geständnisse als Unrecht gesehen und die Folter abgeschafft. Begriffe wie Schuld und Verantwortlichkeit fanden Eingang in die Rechtswissenschaft und das Prozessrecht. Schließlich verlagerte sich die staatliche Intervention: Viele beispielhafte Erscheinungen oder Folgen einer Hexerei bzw. des Hexenglaubens wurden neu als Krankheitsbilder von Geistesstörungen definiert. Die nunmehr in Männerhand etablierte medizinische Wissenschaft und die sich entwickelnde Psychologie setzten dabei oftmals altbekannte, frauenfeindliche Muster und Vorurteile fort und lieferten durch neue Begründungen eine scheinbare Rechtfertigung dazu. Damit endeten zwar die Verurteilungen und Hinrichtungen, was blieb, war jedoch das Wegsperren von verhaltensauffälligen Personen in den neu errichteten Irren- und Besserungsanstalten. Dies brachte auch Vorteile für den absolutistischen Staat, welcher Aufklärung und wirtschaftlichen Aufschwung als Einheit begriff. Unter Aufsicht gehaltene Personen konnten gewinnbringend als Arbeitskräfte eingesetzt werden. So war zwar an der Wende vom 18. zum 19. Jahrhundert ein jahrhundertelang während er Spuk endgültig vorbei, aber ein neues System von Repression und Unmenschlichkeit im Entstehen begriffen.

VERWENDETE LITERATUR

Ammerer Gerhard u.a. (Hg.), Bündnispartner und Konkurrenten der Landesfürsten? Die Stände in der Habsburgermonarchie (R. Oldenbourg Verlag, Wien & München 2007)

Floßmann Ursula & Kalb Herbert & Neuwirth Karin, Österreichische Privatrechtsgeschichte, 7. Auflage (Verlag Österreich, Wien 2014)

Floßmann Ursula & Neuwirth Karin, Frauenrechtsgeschichte und historische Geschlechterordnungen (Trauner Verlag, Linz 2017)

Floßmann Ursula & Putschögl Gerhard (Hg.), Hexenprozesse. Seminar zur Oberösterreichischen Strafrechtsgeschichte (Trauner Verlag, Linz 1987)

Gerhard Ute (Hg.), Frauen in der Geschichte des Rechts (C.H. Beck Verlag, München 1997)

Lehner Oskar, Österreichische Verfassungs- und Verwaltungsgeschichte, 4. Auflage (Trauner Verlag, Linz 2007)

Valentinitsch Helfried (Hg.), Recht und Geschichte. Festschrift Hermann Baltl zum 70. Geburtstag (Leykam Verlag, Graz 1988)

Weinzierl Michael (Hg.), Individualisierung, Rationalisierung, Säkularisierung. Wiener Beiträge zur Geschichte der Neuzeit Band 22 (R. Oldenbourg Verlag, Wien & München 1997)

Wolfgang Aistleitner

Nie wieder Hexenprozesse? Eine rechtspolitische Befürchtung

Man wusste um die heilende Wirkung von Kräutern, man unterstützte Frauen, die der nächsten ungewollten Schwangerschaft entgegenbangten, man konnte in Büchern lesen, die so manches in Stein Gemeißelte in Frage stellten, man war eher introvertiert und mied den grölenden und geifernden Mob, man ging nicht regelmäßig zur Heiligen Messe, man war ganz einfach anders. Man lief also Gefahr, der Hexerei verdächtigt zu werden. Nein, hier ist nicht die Rede vom finsteren Mittelalter, sondern von den mitteleuropäischen Hexenprozessen im 18. Jahrhundert. Der Ungeist der Inquisition des 15. und 16. Jahrhunderts war wiedererstanden. Wie das? Im Schauspiel „Die Hexenmacher.Eine Familienausrottung" – uraufgeführt im Herbst 2018 in Bad Zell – versuche ich anhand des historischen „Wagenlehnerprozesses" aus den Jahren 1729/30 – durchgeführt in der Gegend des heutigen Bad Zell/Oberösterreich –, die Ursachen darzulegen. Den in der historischen Forschung vermuteten Faktoren – etwa Aberglaube, gezielte Frauenverfolgung, nachbarliche Neidgefühle, rigide Sexualmoral der Kirche – füge ich ein politisches Moment hinzu: Hexenverfolgung als kollaborierende Reaktion von Kirche und Staat auf die beide Machtblöcke bedrohende beginnende Aufklärung. Ein repressives Instrument als Ausdruck des Aufbäumens gegen substantiellen Machtverlust. Also eine durchaus rational motivierte Maßnahme, die sich äußerst irrationaler Methoden bediente.

In diesem Beitrag wird untersucht, worin sich die Hexenprozesse des 18. Jahrhunderts von der heutigen europäischen Strafverfahrenskultur unterscheiden. Sind diese – gewiss gravierenden – Unterschiede unumkehrbar? Ist das Gespenst eines Rückfalls nur ein Gespinst? Der Fokus wird auf die Grundsätze des gerichtlichen Strafverfahrens gerichtet sein. Der alte Straftatbestand der „Hexerei" bleibt unerörtert. Für seine Wiedereinführung per Gesetz – mit dem Sinngehalt des 18. Jahrhunderts – finden sich in unseren Breiten nicht die geringsten Anhaltspunkte. Hingegen braucht es bei den Prinzipien des Strafverfahrens mitunter nur des Hantierens an fragilen Reglern, um in die Nähe alter Missstände abzugleiten. Die Anfälligkeit des Systems liegt also im Bereich des Prozessrechts. Hier lohnt sich eine Analyse.

Vorweg: Die Grundsätze des modernen Prozessrechts sind derart miteinander verwoben, dass bei Veränderung, gar Eliminierung auch nur eines von ihnen andere Prinzipien mitbetroffen wären. Es ist eben nicht so, dass die Beschädigung einer Grundregel durch die Integrität der anderen kompensiert werden könnte. Im Gegenteil: Das Geflecht ist nur so stark wie sein schwächstes Bauelement. Mangels zwingender Rangordnung der Prinzipien in der Rechtsdogmatik wird auch hier auf eine Reihung nach Priorität verzichtet. Beginnen wir also bei A – A wie „Anklagen".

Anklagen und Urteilen – alles in einer Hand

Eine Annahme: Ein konsumgeneigter Mann schlendert durch ein Kaufhaus, glaubt, einen Ladendieb zu beobachten, informiert eine Verkäuferin, die wiederum den Kaufhausdetektiv alarmiert. Der stellt den Dieb nach Passieren der Kasse. Tatsächlich, Diebsgut im Wert von mehreren hundert Euro findet sich in raffiniert eingearbeiteten Innentaschen seines Mantels. Der Mann, dessen Initiative alles ins Rollen brachte, hat das Geschehen weiter verfolgt und gibt sich per Ausweis als Richter zu erkennen. Der Gedanke allseitiger Arbeitserleichterung durchzuckt ihn. Er könnte den Übeltäter doch gleich an Ort und Stelle abstrafen, was auch geschieht. Wozu der lange Marsch durch die Institutionen? Allgemeine Zustimmung. Auch und gerade der ertappte und geständige Dieb will alles schnell hinter sich bringen. Noch einmal Glück gehabt: keine Vorladungen zu Polizei und Gericht, keine zermürbende Warterei bis zum Prozess. Alles in allem: ein guter Tag für den Kaufhausdetektiv, der mit einer Ergreiferprämie rechnen darf, auch für die Polizei, die erst gar nicht anrücken muss, ein mittelguter (oder halbschlechter) Tag für den Dieb, der ohne viel behördliches Brimborium einigermaßen billig davonkommt. Aber ein rabenschwarzer Tag für den Richter, der zumindest mit disziplinären Maßnahmen rechnen muss. Denn er hat in seinem Übereifer unsere Verfassung arg beschädigt. Der schon lange vor seiner Zeit in ein Sprichwort gegossene Grundsatz „Wo kein Kläger, da kein Richter" wurde nämlich gröblich ignoriert.

Dieses Sprichwort – gern in bierschwerer, hämischer Runde angesichts irgendeines behördlich unentdeckt gebliebenen Missstandes gebraucht – verweist im Kern auf eine fundamentale Voraussetzung für ein faires, rechtsstaatliches Verfahren, wie wir es heute für selbstverständlich halten. Der Strafrichter darf nämlich nur dann urteilen, wenn ihn jemand anders, der Ankläger, eben per Anklage anruft (die Rechtswissenschaft spricht vom „Anklagegrundsatz"). Der Satz sollte eigentlich – dem Gebot der würzigen Kürze eines Sprichworts zuwider – lauten: Wenn kein Ankläger auftritt, darf der Richter gar nicht entscheiden. Dass der Richter nicht dieselbe Person sein darf, die zuvor die Anklage erhoben hat, leuchtet schon auf Basis einfachster psychologischer Erkenntnisse ein (sodass es zur Erklärung eines Rückgriffs auf rechtsdogmatische Ableitungen gar nicht bedarf). Denn wie soll jemand, der Anklage erhoben hat, dann unbefangen über ebendiese Anklage entscheiden können? Wer enttäuscht schon bereitwillig seine eigene Anklage, indem er den Angeklagten schließlich freispricht? Selbstbestätigung erzeugt allemal Wohlgefühl. Also kann nur der unvoreingenommen und unbefangen zu einem Urteil finden, der nicht vorher schon als Ankläger tätig war. Den Ankläger, der umgehend in den Richtertalar schlüpft, darf es nie und nimmer geben (nicht von ungefähr unterscheiden sich die heutigen Talare von Richtern und Staatsanwälten in deutlich wahrnehmbarer Weise). Aber gerade das war in den Hexenprozessen auch noch des 18. Jahrhunderts der Fall. Ein eigener Ankläger war nicht vorgesehen. Das Gericht erledigte alles in einem. Die Herren – und es waren ausschließlich Männer – saßen über ihre eigene Anklage zu Gericht. Sie riefen sich gleichsam selbst an. Man stelle sich die verzweifelte Hoffnungslosigkeit der Angeklagten schon zu Beginn des Prozesses vor. Angeklagt zu werden, bedeutete im Regelfall, auch schon verurteilt zu sein. Das Gericht war nicht zwischen den Parteien – hier Ankläger, da Angeklagter – platziert. Es war Gegner des Angeklagten und zugleich Richter über ihn. Eine krassere Einseitigkeit ist nach heutigem Verständnis nicht vorstellbar. Die Fusion der anklägerischen mit der richterlichen Funktion, diese Personalunion versperrte dem „Hexenprozess" vorweg jeden Zugang zu einem fairen Verfahren.

Richten im Strafprozess heißt nach moderner Denkweise, zu entscheiden, ob die Behauptungen des Anklägers bewiesen sind oder nicht. Der Angeklagte braucht sich nicht „frei zu beweisen", wie dies medial mitunter unterstellt wird. Er ist nicht einmal verpflichtet, sich in der Sache selbst zu äußern. Einer breiteren Öffentlichkeit dürfte zudem unbekannt sein, dass auch der Ankläger nicht beweispflichtig ist. Die Bürde der umfassenden, alle Für und Wider bedenkenden Beweisaufnahme lastet in der Hauptverhandlung auf dem Gericht. Dies stellt eine nicht zu vernachlässigende Annäherung an den alten Inquisitionsprozess dar. Denn so übernimmt der Richter zumindest phasenweise auch das Geschäft des Anklägers. Das führt zu einer äußerst dominanten Stellung des Richters in der Hauptverhandlung. Teile der Wissenschaft, vor allem aber auch Rechtsanwälte kritisieren dies auch. Ein Gegenmodell könnte in einer moderaten Anleihe beim angloamerikanischen

Modell zu finden sein, in dem – wir kennen es vom Film – Staatsanwalt und Verteidiger initiativ agieren, der Richter sich lediglich „zurücklehnt" und den Dingen ihren Lauf lässt.

Alles in allem: In Europa sind keine Tendenzen sichtbar, die eine formelle und institutionelle Verschmelzung des Richteramts mit dem des Anklägers anstreben. In diesem Punkt droht keine „Rückfallgefahr".

Freie Beweisbewertung – Zweifelsgrundsatz – Unschuldsvermutung

Halten wir fest: Im Normalfall eines Hexenprozesses war der Angeklagte so gut wie verurteilt. Ziel des Verfahrens war die Erbringung des Schuldnachweises. Der Freispruch war nicht mehr als eine theoretische Denkmöglichkeit. Die Akten des Wagenlehnerprozesses lassen dies eindeutig erkennen. Der Ductus der richterlichen Fragen zwingt zur Annahme, dass die vernehmenden Richter von der Vorstellung, die Angeklagte müsse schuldig sein, geradezu besessen waren. Dies belegt letztlich auch der (zunächst bloß angedrohte, späterhin tatsächliche) Einsatz der Folter. Wer foltert, will die Selbstbezichtigung des Gefolterten und die Denunziation weiterer „Verdächtiger". Dass in diesem Raster der „Wahrheitssuche" der Zweifelsgrundsatz nichts zu suchen hatte, liegt auf der Hand. Hier braucht es eine Klarstellung: Der heute gültige Satz, wonach „im Zweifel für den Angeklagten zu entscheiden" sei, bedeutet Schutz des Angeklagten vor willkürlicher, einseitiger Beweiswürdigung. Übrigens umgibt den Begriff „Beweiswürdigung" die Aura obrigkeitlicher Erhabenheit. Er spiegelt den wirklichen Vorgang nicht wider. Was ist gemeint? Der Richter forscht im Rahmen seiner analytischen, logischen und psychologischen Kapazität in seinen Gedanken, welche Aussagen von Angeklagten, Zeugen und Sachverständigen, welche Inhalte von Urkunden er für glaubhaft hält oder auch nicht. Seine „intrasubjektive Überzeugung" – ein Begriff aus der Rechtslehre – ist gefragt. Gefühle, das G'spür, der Instinkt spielen gewiss eine Rolle. Allerdings muss sich der Richter in diesem Segment der Selbstreflexion bewusst sein, dass das, was aus dem „Bauch" kommt, beim Abwägungsvorgang nur dann Bestand haben kann, wenn es sich verstandesmäßig kanalisieren und in allgemein nachvollziehbaren Gedanken – ohne in Phrasen und Hülsen zu flüchten – darstellen lässt. Man sollte also richtigerweise von „Beweisbewertung" sprechen. Der rational strukturierte Vorgang wird damit treffender umrissen.

Dafür, wann ein Richter einen Beweis als erbracht sieht, er also davon überzeugt ist, gibt es keine Skala, die einen Markierungspunkt „Bewiesen!" aufweist. Es geht nicht darum, am Ende des Bewertungsvorganges von irgendetwas überzeugt zu sein. Eine Art agnostische Gelassenheit ist angesagt. Der Weg ist erwartungsneutral zu beginnen. Gerade Pfade werden oftmals nicht zu finden, die Gemengelage wird von Zweifel und Bestätigungen gekennzeichnet sein. Dass man einen Umstand „für möglich" hält, bedeutet noch lange nicht seine Beweisbarkeit. Erst auf die „Wahrscheinlichkeit, die an Sicherheit grenzt", darf ein korrekt agierender Richter eine Verurteilung stützen. Mit dieser Zauberformel ist freilich nicht alles klargestellt. Denn Richter sind nicht homogenisiert oder gar standardisiert. Der eine sieht diese hohe Wahrscheinlichkeit schon früher erreicht als ein anderer. Womit wir beim Begriff der freien Beweisbewertung angelangt sind. Mitunter lassen sich Begriffe eingängiger aus ihrem Gegenteil heraus erklären. So auch hier. Die „gebundene Beweiswürdigung" verdient keine Erklärung, die irgendwie auf ein abwägendes, bedenkendes, analysierendes Vorgehen des Richters hindeuten würde. In der schlechten alten Zeit waren Beweisregeln angesagt. Eine Überzahl von belastenden Zeugen erbrachte den Schuldnachweis, unabhängig von ihrem Willen und ihrer Fähigkeit zur Wiedergabe des wirklich Erlebten. Und vor allem: das Geständnis des Angeklagten machte vollen Beweis. Öffentliche Urkunden hatten immer recht. Von all diesen strikten Regeln wandte sich die aufgeklärte Justiz letztlich ab und hin zur Freiheit des Richters in der Beweisbewertung. Halt, das klingt ja nach Willkür! Die Gesetze der Logik, allgemein anerkannte – „notorische" – Erfahrungssätze bzw. solches Wissensgut hat der Richter jedenfalls zu beachten. Und er muss – jetzt wird's erst wirklich schwierig – nicht nur nach bestem Wissen entscheiden, sondern das Urteil auch noch „vor seinem Gewissen verantworten können". Was damit umschrieben wird, würde den Rahmen dieses Beitrags, ja dieses Buches sprengen (und voraussichtlich über spekulative Ratlosigkeit nicht hinauskommen). Der plumpe Versuch einer Kürzestdefinition sei gestattet: Der Richter darf sich selbst nicht belügen.

All diese Überlegungen, Ableitungen, Relativierungen, Verschränkungen hatten zur Zeit unserer Hexenprozesse keinen Platz. Sie waren im Wesentlichen noch gar nicht „entdeckt", geschweige denn formuliert worden. Das mag die Frage nach der „Schuld" der damaligen Justiz am Grauen der Hexenprozesse hinfällig werden lassen. Es bleibt indes beim zeitübergreifenden Befund eines entsetzlichen Irrwegs bezüglich der Hexenverfolgung.

Mit dem Aufkommen neuer empirischer Wissenschaften, rational grundierter Weltanschauungen und der Säkularisierung war der Weg zur „freien" Beweisbewertung vorgezeichnet. Das kann im heutigen Gerichtsalltag dann zu diesen Erfahrungen führen: Von sieben gleichlautend aussagenden Zeugen können zwei irren und zwei weitere bewusst lügen (dann waren's nur noch drei). Einem Polizisten darf kein berufsbedingtes Plus bei Bewertung seiner Glaubwürdigkeit zukommen. Auch Sachverständige können falschliegen. Und selbst Angeklagte können schon mal bei der Wahrheit bleiben. Alles ist möglich, nix ist fix.

Bleibt noch die Unschuldsvermutung zu erörtern. Sie ist in einem der höchstrangigen Gesetze moderner Rechtskultur festgeschrieben, nämlich in der Europäischen Menschenrechtskonvention: Bis zum gesetzlichen Nachweis seiner Schuld wird vermutet, dass der wegen einer strafbaren Handlung Angeklagte unschuldig ist. Als gesetzlicher Nachweis gilt die rechtskräftige Verurteilung durch ein Gericht. Ohne Übertreibung kann man den Hexenprozessen unterstellen, dass dort vorweg eine explizite „Schuldvermutung" galt. Von der Anklage zur Verurteilung war es erkenntnismäßig nur ein kleiner Schritt, freilich mit einer fatalen Verschärfung der Folgen bis hin zum Tod.

Indessen, von allen bisher genannten Prozessgrundsätzen hat es die Unschuldsvermutung am schwersten mit uns. Manche sehen sie auf dem „Krankenlager", einige gar schon auf dem „Sterbebett". Hier interessiert vor allem die psychologische Ebene, konkret die Bereitschaft zu rationaler Disziplin und ungeheuchelter Fairness. Das Problem tut sich vorwiegend im Bereich der öffentlichen Wahrnehmung unter Einschluss medialer Berichterstattung über Kriminalfälle auf. Es bedeutet ja wirklich ein veritables Kunststück, eine Person, die während der Hauptverhandlung etwa von vielen Zeugen belastet wird und schließlich sogar ein Geständnis ablegt, weiterhin – bis zum endgültigen Urteil – für unschuldig zu halten. Man merkt den inneren Konflikt eines Medienmitarbeiters mitunter an seiner herumstochernden Diktion und dem abgequälten Hinweis, dass „die Unschuldsvermutung gilt".

Dabei soll das Gebot dieser Vermutung (auch) einer zwar bloß informellen, dafür aber psychisch umso tiefer sitzenden Vorverurteilung vorbeugen. Im Übrigen offenbart sich etwa bei Debatten zum Fremdenrecht, dass auch von so manchen Politikern die Unschuldsvermutung eher als lästig, denn als unantastbares Element eines fairen, rechtsstaatlichen Verfahrens empfunden wird. So ist das historisch jüngste Prozessprinzip aus dieser Reihe jenes, das am ehesten ständig harten Prüfungen ausgesetzt ist.

Richterliche Unabhängigkeit –
Gewaltentrennung

Höchste Zeit, um über die richterliche Unabhängigkeit (im staatsrechtlichen Sinn) und die Trennung der Staatsgewalten zu sprechen. An drei aktuellen Beispielen lässt sich die Bedeutsamkeit dieser Prinzipien aufzeigen: an der Türkei, an Polen und an Ungarn. Wenn ein zunehmend autoritär geführter Staat seine Macht sichern oder gar ausbauen will, verschafft er sich Zugriff auf die zunächst noch unabhängige Justiz. Einerseits, um politische Gegner effektvoll verfolgen und ausschalten zu können, andererseits, um sich von der „dritten Staatsgewalt", eben der Justiz, nicht kontrollieren lassen zu müssen. Es braucht in diesen Fällen der Rechtsstaatsdemontage also nicht bloß eine informell – durch Zuruf – steuerbare Justiz, sondern Richter, die man eben durch eigens geschaffene Gesetze ohne lange Begründung abberufen, entlassen, versetzen, die man aber auch nach nicht erkennbaren Kriterien einsetzen kann. Den Wert so manchen staatsrechtlichen Grundsatzes lernt man erst im Bedrohungsfall schätzen. Wenn wir einmal nicht quer über den Erdball nach Osteuropa und Vorderasien blicken, sondern bei uns bleiben, freilich zeitversetzt um etwa 73 bis 80 Jahre zurück, so stoßen wir auf eine bis zum Äußersten pervertierte Gewaltenordnung. Der Reichskanzler war zugleich oberster Gerichtsherr. Die Rechtsprechung konnte sich nur ganz ausnahmsweise, eher unbemerkt, seinen Intentionen entziehen. Und von Kontrolle der politischen Ebene durch Gerichte konnte schon überhaupt keine

Rede sein. Nicht anders war es insoweit zur Zeit unserer Hexenprozesse. Freilich mit dem Unterschied, dass die geisteswissenschaftliche Entwicklung, die den Weg zu unabhängigen Gerichten und zur Aufteilung der Staatsgewalt in eine gesetzgebende, eine verwaltend-regierende und schließlich in eine rechtsprechende Sektion wies, noch am Anfang stand. Hingegen hätte man diese rechtsstaatlich-demokratische Lösung im 20. Jahrhundert schon längst gekannt, entschied sich aber vielerorts dagegen.

In etlichen Staaten – auch der EU – beschert vor allem die Kontrollfunktion der unabhängigen Gerichte der Politik eher chronische Magengeschwüre denn ein entspanntes Verhältnis zu rechtsstaatlichen Erfordernissen. Gerade zu Populismus neigende Machtträger, die ja immer auf die Exekutierung des Volkswillens rekurrieren, befinden sich in ständiger Lauerstellung, wenn es um die Beschränkung richterlicher Unabhängigkeit geht. Erinnern wir uns eines hohen Landespolitikers, der es anlässlich des Kärntner Ortstafelkonflikts für nötig befand, dem Verfassungsgerichtshof in Aussicht zu stellen, „ihm die Flügel zu stutzen".

Neben diesem staatsrechtlichen Exkurs soll noch der Zusammenhang zwischen individueller richterlicher Unabhängigkeit und individueller freier Beweisbewertung aufgezeigt werden, exemplarisch für meine anfängliche Behauptung, dass wir vor einem Gewebe aus mehreren Elementen stehen, von denen jedes einzelne unverzichtbar ist. Was ist mit diesem speziellen Zusammenhang gemeint? Man vergegenwärtige sich: Ein Angeklagter schildert einen Vorfall mit bestimmtem Inhalt, ein Zeuge will alles ganz anders gesehen haben, in einer weiteren Zeugenaussage finden sich Elemente der einen und der anderen Version, ein dritter Zeuge stützt vollkommen den Angeklagten und der vierte Zeuge will überhaupt nichts gesehen haben. Bevor nun der Richter seine juristischen Instrumente auspackt, muss er zunächst feststellen, was er als erwiesen annimmt. Dann erst kann er als Jurist klären, welche Gesetze auf diesen Sachverhalt anzuwenden sind. Als Jurist hat er sich am Gesetz und an der Rechtsprechung der Höchstgerichte zu orientieren. Aber wo sind seine Orientierungspunkte im Fall der Suche nach der Wahrheit, besser: bei der Rekonstruktion der Wirklichkeit? Wer hat gelogen, sich geirrt, sich nur mangelhaft erinnert, oder wer ist ohnedies bei der Wahrheit geblieben? Just in diesem Segment richterlicher Arbeit hilft eigentlich nicht viel außer Erfahrung, Intuition, Logik, Psychologie. Ein Sammelsurium, das nicht im Entferntesten die Klarheit und Bestimmtheit von Gesetzen und Rechtssätzen aufweist. Mit anderen Worten: Der Richter ist auf sich selbst, auf seine Unvollkommenheit zurückgeworfen. Und ebendies macht seine Unabhängigkeit aus. So wie hier skizziert, ist richterliche Unabhängigkeit kein Privileg, sondern ein Sack mit folgenschwerer Verantwortung. Der Richter, der nach festen Regeln festzustellen hat, wessen Aussage wahr ist und wer zur Lüge griff oder sich im Irrtum befunden hat, verdient im modernen Verständnis nicht die Bezeichnung „Richter". Seine Arbeit kann ein bloßer Urkundsbeamter, ein subalterner Büttel erledigen. In der Bewertung der Beweisergebnisse zeigt sich also die wahre Freiheit des einzelnen Richters.

Der Angeklagte –
vom Objekt zum Subjekt des Verfahrens

Die Position des Angeklagten in „unserem" Hexenprozess ist schnell auf eine eingängige Formel gebracht: Mit ihm wurde verfahren, besser noch „gefah-
ren". Er war Objekt, das es zu bearbeiten galt und das
mit sich geschehen lassen musste. Der behördliche
Impetus zeigte in Richtung Verurteilung, nicht in
Richtung objektiver Wahrheitssuche. Nicht eine un-
befangene Beurteilung, sondern eben die Verurteilung war das Ziel. So war es dem Angeklagten etwa
auch verwehrt, sich eines Verteidigers zu bedienen.
Inzwischen hat ein fundamentaler Paradigmenwech-
sel stattgefunden. Erwartungsneutralität muss den
Weg der Wahrheitssuche prägen. Es darf kein er-
wünschtes Ergebnis geben. Das alles setzt eine liberal-
rechtsstaatliche Sichtweise voraus. Der Angeklagte
muss mit umfassenden Verteidigungsrechten ausgestattet sein. Das reicht vom Recht, sich einen Verteidiger zu wählen, sich zur Sache erst gar nicht zu
äußern, Beweisanträge zu stellen, bis zur Befugnis,
Rechtsmittel gegen gerichtliche Entscheidungen zu
ergreifen, damit also höhere Gerichtsinstanzen anzu-
rufen. Und besonders bedeutsam: Der Angeklagte
darf sanktionslos lügen! Wird er dennoch gerichtlich
überführt, so hat er den Milderungsgrund des Ge-
ständnisses verspielt. Nicht mehr, aber auch nicht
weniger. Der Angeklagte kann aus eigener Initiative
heraus beachtliche Akzente im Verfahren setzen. Er
ist also mit ein Subjekt des Prozesses.

Vom geheimen zum öffentlichen Verfahren

Der Hexenprozess des 18. Jahrhunderts fand – wie schon seine Vorbilder aus der Zeit der Hochblüte der Inquisition – im Geheimen statt. Das galt uneingeschränkt für die Vernehmungen der Angeklagten und Zeugen, aber auch den Einsatz der Tortur. Die Urteilsverkündung, vor allem aber die Vollstreckungen wurden öffentlich inszeniert. Damit sollte ein Akt besonders effektvoller Abschreckung gesetzt werden. Auch der wirkliche oder suggerierte Vergeltungsdrang wurde damit befriedigt.

Heute ist die Öffentlichkeit von Gerichtsverhandlungen verfassungsgesetzlich verbrieft. Dies ist Konsequenz demokratischer Grundausrichtung. Das Volk hat nicht nur das Recht, in Form von Laienrichtern (Geschworene, Schöffen) an der Rechtsprechung teilzunehmen. Ihm kommt durch die Zugänglichkeit zu Prozessen auch eine Kontrollfunktion zu. Rechtsmissbrauch – so die Grundannahme – scheut das Licht der Öffentlichkeit. Das gilt verstärkt in Zeiten permanenter medialer Beobachtung. Dass dieses prononciert demokratisch-rechtsstaatliche Instrument aber auch eingeschränkt werden muss, ist einem anderen – ebenso rechtsstaatlich abgesicherten – Prinzip geschuldet: Es gilt, die Persönlichkeitsrechte der (privaten) Prozessbeteiligten zu schützen. So ist eines der erklärten Ziele des Medienrechts, die mediale Prozessberichterstattung nicht ausufern zu lassen. Entsinnen wir uns der Anonymisierung von Beschuldigten und Tatopfern, aber etwa auch der gepixelten Bilder. Dazu kommen noch Schranken, die sich aus dem – zuletzt breiter diskutierten – Amtsgeheimnis ergeben. Der sensible Bereich des Ermittlungsverfahrens – das ist das Verfahren von der Anzeige bis zur Anklageerhebung oder der Verfahrenseinstellung – liegt mitten in diesem Spannungsfeld – hier Amtsgeheimnis und Persönlichkeitsschutz, da das Informationsbedürfnis und die Kontrollmöglichkeit der Öffentlichkeit. Die Diskussion hierüber läuft eher in Schlangenlinien dahin.

Nicht unerwähnt darf in diesem Zusammenhang der „Schauprozess" bleiben. Exemplarisch dafür mögen die Prozesse gegen die Attentäter des 20. Juli 1944 stehen. Davon existieren Filmaufnahmen. Die Verfahren fanden vor einer Öffentlichkeit der besonderen Art statt: Der Saal war randvoll besetzt, allerdings nur mit akribisch ausgesuchten hohen Funktionären aus Partei und Wehrmacht. Die Prozesse sollten zu Lehrstücken über systemkonformes richterliches Wüten gegen Regimegegner werden (was aber sogar in den Augen des Propagandaministeriums misslang; das Agieren des Vorsitzenden war zu viel des Schlechten). Ähnliche Prozessszenarien sind immer wieder anzutreffen, freilich nur in autoritär regierten Staaten.

Die Folter

Hexenprozess gleich Folter gleich Tod auf dem Scheiterhaufen: Das ist die gängige Assoziationskette, die im Wesentlichen auch die Wirklichkeit trifft. Folter war – abgesehen von Verschärfungen beim Vollzug der Todesstrafe – ein Mittel bei der Untersuchung des

„Verbrechens". War die der Hexerei beschuldigte Person geständig und nannte sie auch ihre „Mitwisser und Mittäter", so fand sich kein Anlass für Folter. Joseph II. schaffte die Folter ab. Allerdings nicht ein für alle Mal. Auch in unserer Zeit wird wieder gefoltert, freilich nicht, wie früher, vom Gericht, sondern von … ja von wem eigentlich? Die Behauptung, dass die Polizei, wo immer sie auf der Welt agiere, foltere, setzt sich dem Vorwurf der Unbeweisbarkeit aus. Für den Vorwurf der glatten Lüge dürfte es allerdings nicht reichen.

Wie auch immer: Man muss den Blick auf Detailfragen schärfen. Reden wir über Staaten, die Folter anordnen oder sie – durch Wegschauen – billigen, oder von Staaten, die Folter zwar verbieten, aber die Folterer nur sehr halbherzig, zögerlich, gar mit Augenzwinkern verfolgen und (nicht nur) damit den (potentiellen) Folteropfern keinen ausreichenden Schutz gewähren? Im Licht der gültigen UNO-Antifolterkonvention müssten wir über alle diese Staaten reden. Folter ist nach diesem internationalen Übereinkommen absolut – d. h. ohne Wenn und Aber – verboten. Aussagen, die nachweisbar durch Folter zustande gekommen sind, sind nichtig und in keinem Verfahren verwertbar. Das hört sich nach Opferschutz auf hohem Niveau an. Wenn da nicht die Frage der Nachweisbarkeit von Foltereinsatz – wozu ja auch die bloße Androhung der Folter gehört – wäre. Folterer tendieren weder dazu, unbeteiligte Zeugen des Vorgangs einzuladen, noch, ihr Treiben zu dokumentieren. Im Übrigen wissen sich Folterer meist eingebettet in eine systemtypische Kameraderie, getragen vom berühmten Korpsgeist. Das alles ist der Aufklärung von Foltertaten nicht förderlich. Die Rechtskultur wird noch verschlechtert, wenn diese Kameradenmentalität von der Polizei ans Gericht weitergereicht wird, nach dem Motto: „Wir ziehen doch alle an einem Strang".

Wo die Länder liegen, von denen hier die Rede ist? Nun, nahe und fern. Wie gesagt, ein globales Phänomen.

Resümierend bleibt festzuhalten, dass der Strafprozess des modernen Rechtsstaats sich von „unserem" Verfahren gegen die Wagenlehnerhexe so grundlegend unterscheidet, dass man beinahe geneigt ist, schon den Versuch eines Vergleichs zu verweigern. Nahezu alles, was heute als Auswirkung rechtsstaatlicher Standards das Verfahren fair und objektiv macht, war seinerzeit schlicht nicht festgeschrieben oder nur ungeschriebene Übung: Eine funktionale und institutionelle Trennung von Gericht und Anklagebehörde, eine von der Öffentlichkeit kontrollierte Verhandlung, ein unabhängiges, unparteiisches Gericht, Ermittlungen, an denen der Beschuldigte sich als Subjekt des Verfahrens beteiligen kann, Untersuchungsmethoden, die unter dem Vorbehalt des möglichst geringen Eingriffs in die Grund- und Freiheitsrechte des Beschuldigten stehen, eine freie, nicht geregelte Bewertung der Beweisergebnisse durch das Gericht, eine besondere Betonung des Zweifelsgrundsatzes, ja, und natürlich ein ausdrückliches Folterverbot. Dieses Verfahrenskorsett erscheint jedenfalls im Kernbereich der Europäischen Union, darüber hinaus in Skandinavien in Stein gemeißelt zu sein. Also ohnedies kein Platz für eine „rechtspolitische Befürchtung", wie sie der zweite Teil der Überschrift suggerieren will? Doch, denn es hakt bei staats- und gesellschaftspolitischen Tendenzen, die sich da und dort abzeichnen oder – mehr noch – schon offen ausgelebt werden. Da wird einmal – siehe etwa Polen, Ungarn und die Türkei – die Unabhängigkeit der Richter attackiert. Das geschieht nicht etwa handstreichartig, sondern von Gesetzes wegen. Also stehen parlamentarische Mehrheiten dahinter. Die jüngste Erfahrung lehrt, dass der Marsch der Machthaber zu autoritären Staatsstrukturen sehr bald bei der Justiz Station macht. Da wird die Richterschaft gesäubert, willige Vollstrecker der Regierungsabsichten werden eingesetzt. Der erste Stein aus dem Gebäude des Rechtsstaats wird herausgebrochen. Dann beginnt es – auch die staatsrechtliche Statik hat so ihre Gesetze – zu bröckeln. Der eingetauschte Richter weiß, was er zu tun hat, um nicht den Unwillen der Regierenden zu erwecken. Das schlägt sich in der Interpretation von Gesetzen, sofern nicht ohnedies neue Gesetze mit „neuem" Geist beschlossen, gar dekretiert werden, nieder, aber auch in der Bewertung von Verfahrensergebnissen, im Umgang mit den Prozessbeteiligten, überhaupt in der Gestaltung der Verhandlungsatmosphäre. Also: Den Machthabern kann es schon genügen, die Unabhängigkeit der Gerichte zu kappen. Dann können sie frohen Mutes damit rechnen, dass die neue, loyale Richterschaft sich von der Last der freien Beweisbewertung, des Zweifelsgrundsatzes und der Unschuldsvermutung flugs befreien wird. Und bei Folterverdacht – so die Tortur nicht ohnehin „hoffähig" wird – nicht so genau hinsieht. Wir erinnern uns an das tapfere Schneiderlein: Mit einem Streich werden gleich etliche Prinzipien ausgelöscht. Das Signum einer solchen Justiz ist die Regierungstreue. Ihr ordnet sie die Gesetzestreue unter. Damit ist sie abhängig, parteiisch, nicht objektiv, kurzum keine eigene Staatsfunktion, sondern gleißendes Beiwerk einer antidemokratischen, rechtsstaatsfeindlichen Regierung. In deren Feldzug gegen die Freiheit der Medien wird sich die loyale Justiz stramm einordnen.

Noch eine Klarstellung: Das moderne Regelwerk des Strafprozesses ist eingebettet in den jeweils aktuellen gesellschaftspolitischen Rahmen. Oder anders gewendet: Rechtspolitik ist immer nur Teil einer größeren, umfassenden Staatspolitik. Ändert sich diese, dann wird auch das Strafprozessgesetz jede Änderung mitmachen. Das eine Mal scheibchenweise, in anderen Fällen „auf die Schnelle", wenn wir etwa an die Fälle eines dekretierten Ausnahmezustandes und seiner wiederholten Verlängerungen denken.

Zuletzt gilt es, den Ausgangspunkt „Hexenprozess" nicht aus den Augen zu verlieren. Lösen wir uns davon, „Hexe" in der Sinngebung des Mittelalters oder auch noch des 18. Jahrhunderts zu verstehen. Setzen wir vielmehr diesen Begriff für all das, was gesellschaftlich einfach so ganz anders, fremd, nicht akzeptiert ist, dann haben wir einen aktuellen Bezug hergestellt. Einzelpersonen oder auch Gruppen oder gar Schichten, die einer autoritär geführten Gesellschaft nicht ins Konzept passen, sind schnell mal von explizierter Diskriminierung bis hin zu Verfolgung bedroht. Die Beispiele aus dem 20. und 21. Jahrhundert firmieren unter dem nahezu euphemistischen Begriff des Staatsterrors.

Und schließlich noch eine Erkenntnis aus den Hexenprozessen: Agieren Kirche und Staat in ihrem Bestreben, Macht zu erhalten und auch auszubauen, im Einklang, kommt es also zum ideologisch-politischen Schulterschluss, dann droht den Nonkonformen besondere Gefahr. Eine Kirche, die sich den Regierenden anbiedert oder gar politische Funktionsposten besetzt, und auf der anderen Seite ein Staat, der sich dieser kirchlichen Willfährigkeit bedient und behauptet, religiös legitimiert zu sein, sind Alarmzeichen der besonderen Art.

Vor einigen Jahren wurde in Österreich nicht nur kurzfristig und nicht bloß so nebenbei diskutiert, ob etwa Gott in die Verfassung aufzunehmen sei. Dieser eine, dieser einzig wahre Gott, neben dem es nur das gibt, was er zulässt! Das hieße, unsere liberal-säkulare Gesellschaft gegen einen Staat mit religiös getönter Dekretierungsmacht einzutauschen.

Ein Leitfaden für alle, die einen autoritären Staat – nicht aus dem Nichts, sondern in schleichender Umwandlung einer rechtsstaatlichen Demokratie (siehe die schon mehrmals erwähnten Beispiele) – errichten wollen, würde Folgendes empfehlen:

Zerschlage die unabhängige Justiz, suche die stützende Nähe der Kirche, hole dir von ihr religiös verbrämte Legitimation und diskreditiere die freie Wissenschaft (gerade sie kann dir mit ihren rationalen, faktenbasierten Einwürfen in die Quere kommen)!

All dies war für die Strukturen der Hexenprozesse des 18. Jahrhunderts mitbestimmend. Damals wurde das als Ausdruck göttlicher Ordnung empfunden. Von Gott kam alle Macht, zunächst einmal die der weltlichen Herrscher und davon abgeleitet auch die der Richter. Heute, dreihundert Jahre später, ist überall alles anders! Also fast alles. Und ja, beinahe überall. Bis auf eine Ausnahme. Na ja, also bis auf ein paar Ausnahmen. Richtig, und die auch noch ...

Der Ungeist der Hexenprozesse ist zählebig. Er rumort weithin hörbar.

P. Maximilian Schiefermüller

POLITIK UND GESELLSCHAFT IM MARKT ZELL IM 18. JAHRHUNDERT

Einleitung

Der Grillenberger Hexenprozess (1729–1731), auch „Wagenlehnerprozess", gehörte zu den größten Hexenprozessen auf heutigem österreichischen Boden. Bemerkenswert ist seine zeitliche Einordnung in der 1. Hälfte des 18. Jahrhunderts, einer Epoche, in der derartige „Schauprozesse" eigentlich nicht mehr in jener Häufigkeit auftraten, wie in den beiden Jahrhunderten zuvor, in den katholischen wie auch in den protestantischen Ländern Europas. Befinden wir uns doch in einer Zeit, in der das barocke Lebensgefühl seinen Höhepunkt erfuhr, Aufklärung und Liberalismus ihre ersten und deutlichen Spuren hinterließen, maria-theresianische und josephinische Reformen Struktur, Ordnung, Bildung und Sicherheit zu schaffen versuchten, die Katholische Kirche durch Architektur und Frömmigkeit eine glanzvolle Periode erlebte und der Adel sich durch Hofhaltung dem absolutistischen Herrscher anzunähern versuchte. Andererseits erleben wir im 18. Jahrhundert einen armen und völlig abhängigen Bauernstand, kriegerische Ereignisse und Naturkatastrophen. In all diese Ereignisse eingebettet liegt der Grillenberger Hexenprozess.

Der vorliegende Artikel beinhaltet eine kurze Zusammenschau des 18. Jahrhunderts mit besonderem Fokus auf das Land ob der Enns und im Speziellen auf den Markt Zell im Machland, heute Bad Zell, den Geburts- und Wohnort der Magdalena Grillenberger[1]. So soll versucht werden, einen historischen Kontext zu den Ereignissen rund um den Prozess zu schaffen und darzulegen.

Das Land ob der Enns im 18. Jahrhundert

Als 1648 der Dreißigjährige Krieg für beendet erklärt wurde, begann eine Neustrukturierung im Land ob der Enns. Dieses behielt zwar „seine landständische Verfassung, die Macht der Stände war allerdings gebrochen und wurde in der Folge von dem absolutistischen katholischen Landesfürstentum weiter beschnitten."[2]

Das 18. Jahrhundert wurde vom Absolutismus geprägt; daneben belasteten andauernde kriegerische Auseinandersetzungen das Land und die Bevölkerung stark. Steuererhöhungen, Darlehen, durchziehende und einzuquartierende Truppen standen auf der Tagesordnung: der Spanische Erbfolgekrieg (1701 – 1714), der durch die Thronfolge Maria Theresias ausgelöste Österreichische Erbfolgekrieg (1740 – 1745), sowie der Bayerische Erbfolgekrieg, der schließlich die Erwerbung des Innviertels für das Land ob der Enns (1779) zur Folge hatte.

Von 1713 bis 1715 wütete abermals die Pest in einigen Regionen des Landes und forderte zahlreiche Opfer. Maria Theresia setzte einige weitreichende Reformen verwaltungstechnischer, behördlicher und militärischer Natur sowie eine Neuordnung des

Finanzwesens durch. Kaiser Joseph II. griff mit seinen Reformen tief in politische und religiöse Agenden ein. Kirchlich gesehen gehörte das Land ob der Enns zur Diözese Passau, ehe 1785 in Linz ein eigener Bischofssitz für Oberösterreich gegründet wurde. Die Josephinischen Reformen brachten die Aufhebung vieler, auch bedeutender Klöster, die Gründung zahlreicher neuer Pfarren und Einschränkungen in der praktizierten Frömmigkeit der Bevölkerung.

Die zum Teil übertriebene barocke Baulust des Adels und des Klerus führte zu einem neuen Erscheinungsbild des Landes: Das Land ob der Enns erfuhr eine Barockisierungswelle von großem Ausmaß, im profanen wie im sakralen Bereich, die den ländlichen Raum miteinschloss. Ein neues Lebensgefühl erwachte, auch bei der armen Bevölkerung, der in prachtvollen (Land-)Kirchenräumen ein Stück weit „Himmel auf Erden" geboten wurde, angereichert durch Musik, Kunst und liturgisches Schauspiel. Wallfahrten und Pilgerreisen waren am Höhepunkt angelangt und erfuhren mancherorts groteske Ausmaße, ehe Joseph II. nüchtern und kritisch durch Verbote dagegen auftrat. Die prunkvolle Hofhaltung auf Schlössern und Palais konnte nur durch die Steigerung der Abgaben der ländlichen Bevölkerung finanziert werden. Anbrechenden Liberalismus und Aufklärung finden wir in der 2. Hälfte des 18. Jahrhunderts, angetrieben durch Wissenschaft und Gelehrsamkeit. Eine Neustrukturierung des Schulwesens und somit bessere Bildung für Adel, Klerus und Landbevölkerung wurden ermöglicht. Die erst Mitte des 19. Jahrhunderts erfolgte Aufwertung des

Bauernstandes hat ihre Wurzeln ebenfalls in der josephinischen Ära.

Der Markt Zell im 18. Jahrhundert

Demografie – Stände – Zusammenleben

Die Grenzen der heutigen Marktgemeinde Bad Zell sind nicht ident mit jenen des 18. Jahrhunderts, da sie erst im 19. Jahrhundert endgültig festgelegt wurden. Richtwerte über die demografischen Verhältnisse kann das Gebiet der Pfarre Zell geben, die weitestgehend die Ausmaße der damaligen Zeit behalten hat. Um 1740 lag die Bevölkerungszahl der Pfarre Zell bei etwa 1.800 Seelen.[3] 1771 berichtet der Pfleger von Zellhof, dass es im Markt insgesamt 70 Häuser gibt.[4]

Da Zell bereits im Hochmittelalter das Marktrecht erhielt, entwickelte sich schon lange vor dem 18. Jahrhundert eine gesellschaftliche Situation, die das Leben der Bevölkerung auch dann noch prägen sollte: Bürgerstand und (oftmals versus) Bauernstand.

Der Markt Zell mit seiner Bürgerschaft und den dazugehörenden umliegenden Bauernhöfen (deren Bewohner wurden „Urbarer" genannt) bildete eine eigene Herrschaft, ein eigenes Gericht. Die heute ebenfalls zum Gemeindegebiet gehörenden Orte und bäuerlichen Streusiedlungen hingegen waren Teil der Herrschaften und Landgerichte Prandegg und Zellhof, zum Teil auch Reichenstein, Windegg und Ruttenstein. Im Markt bildete sich daher ein starkes und selbstbewusstes Bürgertum heraus, das immer wieder auf seinen althergebrachten und verbrieften Rechten bestand, diese zum Teil vehement einforderte und gegen die besitzende Herrschaft (Jörger, Scherf-fenberg, Starhemberg, Salburg) verteidigte. Handel und Gewerbe entfalteten sich gut im Markt Zell, der strategisch günstig an sehr alten Verkehrswegen lag. Die Bauernschaft hingegen lebte zum Teil in sehr ärmlichen Verhältnissen, in direkter Abhängigkeit vom Grundherrn. Man lebte im 18. Jahrhundert von der Milch- und Weidewirtschaft (Rinder, Schafe, Ziegen), dem Anbau und der Verarbeitung von Flachs und der Holzarbeit. Korn wurde durch die klimatischen Verhältnisse und die Bodenbeschaffenheit nur abwechselnd mit Hafer angebaut. „Weill in der ganzen Pfarr unter der Bauernschaft nicht zwey Pferde angetroffen werden [...] mit vieler Mühe und Beschwerde auf den durchgehends üblen Weegen nach Mauthhausen zum Verkauf gebracht."[5] Obst-bäume gab es wenig und Most wurde in dieser Zeit in Zell nicht hergestellt.[6] Nicht vergessen werden dürfen die jährlichen Abgaben der untertänigen Bauern an den Grundherrn, die in Urbaren verzeichnet waren und erst 1848 abgeschafft wurden.

Der Zeller Pfarrer Sebastian Hugel gewährt in seiner 1733 verfassten „Praxis Stolae"[7] Einblicke in das soziale Leben der Pfarre. Darin vermerkte er die einzuhebenden Stolgebühren (für Trauungen, Begräb-nisse, Sakramentalien etc., Dienste, bei denen der Geistliche eine Stola trägt) und damit indirekt auch die kirchlichen Riten in Zell. Ersichtlich wird, dass es einige Marktbürger gab, die in einem gewissen Wohlstand lebten, deren Gesamtvermögen sich deut-lich abhob von dem der übrigen Bürger. Auch bei der Bevölkerung außerhalb des Marktes führten manche

Kreise ein wohlhabendes Leben, vor allem Pfleger, Hofschreiber und Braumeister der Herrschaften Zellhof und Aich, der Hofwirt in Zellhof und die Müller. Erst dann folgten die Bauern, Gerichts- und Marktdiener.[8] Sozial geringer gestellte Bevölkerungsgruppen wurden nicht am Ortsfriedhof (um die Pfarrkirche) begraben, sondern im ehemaligen evangelischen Friedhof, außerhalb des Marktes.[9] Im 18. Jahrhundert litt die Bürgerschaft unter immer höheren Steuern, was auch die Herrschaft beklagte. Die Abgaben für öffentliche Zwecke waren bedeutend gestiegen. Auch militärische Einquartierungen waren alltäglich. Vor allem die Kriege unter Maria Theresia verursachten diese Belastungen.[10]

Durch wiederkehrende Brände[11] und die damit einhergehenden und nötigen Wiederaufbaumaßnahmen sowie durch Wolken- und Hagelschauer mit Hochwasser[12] war der Markt Zell schließlich so hoch verschuldet, dass die Herrschaft zu strikten Sparmaßnahmen drängte. Bis Ende des 18. Jahrhunderts konnte die Schuldenlast bedeutend reduziert und letztlich 1810 endgültig getilgt werden.[13]

Politische Verhältnisse – Herrschaft – Gericht

Seit 1642 waren die Grafen Salburg im Besitz der Herrschaft Prandegg, des Marktes Zell, der Herrschaften Zellhof, Pranthof, Habichrigl und des Tanböckhofes. 1651 wurde schließlich von ihnen auch das Schloss Aich erworben. Um 1700 erreichte der gräflich-salburgische Besitzstand seine größte Ausdehnung, durch Zuerwerb von weiteren Gütern und Höfen, Wäldern und Fischwassern auf der Naarn.[14] Prandegg war damals eine hochherrschaftlich und gut ausgebaute Burg mit starker Verteidigungsmöglichkeit. Habichrigl wurde bereits als Bauernhof bewirtschaftet, behielt aber äußerlich sein schlossartiges Aussehen, ähnlich wie Aich. Zellhof war an der Wende zum 18. Jahrhundert eine baulich gewachsene und unregelmäßige Schlossanlage, ehe es kurz nach der Jahrhundertwende barock ausgebaut wurde: Die alte Jakobuskirche wurde abgetragen und am bereits bestehenden Wirtschaftstrakt wurde eine neue Schlosskapelle errichtet. Ein langgestreckter Trakt samt Uhrturm verband diese mit dem umgestalteten Haupttrakt des Schlosses. Da die Familie Salburg sich immer häufiger und lieber in Zellhof aufhielt als in Prandegg, begann die Burg zu verfallen und wird 1786 bereits als Ruine bezeichnet.[15]

Die Grafen Salburg versuchten stets in die weitgehend selbständige Gerichtsbarkeit des Marktes Zell einzugreifen bzw. diese zu beschneiden und beachteten die Rechte der Bürgerschaft eher wenig, was zu immerwährenden Konflikten führte.

Das im Hochmittelalter verliehene Marktrecht sah auch das Abhalten eines Wochenmarktes vor, in Zell an allen Dienstagen das ganze Jahr hindurch. Dies wird im Taidingbuch von 1639 betont und hervorgehoben. Es durften Handwerker und Geschäftsleute von außerhalb des Marktes ihre Waren und Dienste anbieten. An allen anderen Tagen der Woche hatten dieses Recht nur die Bürger des Marktes alleine. Dazu gab es noch die bereits 1534 erwähnten Jahrmärkte am ersten Dienstag der Fastenzeit, am Osterdienstag und am Pfingstdienstag, an denen oftmals Kaufleute von weit her in den Markt strömten.

Zell hatte „Stock und Galgen", was bedeutet, dass der Markt Zell nicht nur die niedere, sondern auch die hohe, die Blutgerichtsbarkeit ausüben durfte, also das Recht hatte, Todesurteile zu fällen und zu vollstrecken. Die Richtstätte des Marktgerichts Zell befand sich auf dem heute noch so bezeichneten Galgenbühel. Diese Rechte sind wahrscheinlich älter als deren erste Erwähnung 1534, da der Galgenbühel bereits 1391 in einem Regensburger Lehenscodex genannt wird. Die Gerichtsbarkeit über die Marktbewohner und die zum Markt gehörenden Bauernhäuser übte der Marktrichter aus. Er führte auch die Grundbücher und hob Gebühren und Steuern ein. Die Bürger hatten das Recht der freien Richterwahl, die jährlich vollzogen wurde. Der Richter hatte für die Insassen der Herrschaft Zell jährliche Versammlungen einzuberufen, die „Taiding" genannt wurden. In diesen Bürgerversammlungen wurden rechtliche, wirtschaftliche und gesellschaftliche Themen behandelt, geleitet vom Marktrichter und seinen sieben Räten, in Anwesenheit des Pflegers der Herrschaft. Unabhängig davon hatten die bäuerlichen Untertanen der Herrschaft Markt Zell, die Urbarer, ein eigenes Taiding.[16]

Geschah Rechtsprechung im Markt, durften Malefizverbrecher, sofern sie Bürger des Marktes waren und nicht Angehörige der Herrschaft Prandegg, im Markt verhört werden. Es durfte über sie Gericht gehalten, ein Urteil gefällt und vollstreckt werden, jedoch nur im Wissen und mit Zustimmung der Herrschaft bzw. des stets anwesenden Pflegers.[17] Symbol der Marktgerichtsbarkeit ist der aus dem Jahr 1574 stammende Pranger mit dem darauf stehenden Prangermandl.

Soziales – Gesundheit – Bildung

Richter und Rat des Marktes „waren schon in alten Zeiten darauf bedacht, für das leibliche Wohl der Bürgerschaft sowie der Bauern des Pfarrgebietes von Zell Bader und Wundärzte und später Chirurgen anzustellen".[18] Diese beschäftigten sich mit Bartpflege, Haarschneiden, Zahnmedizin, Schröpfen, Ansetzen von Blutegeln, Verbinden von Wunden, Bereiten von Salben, Tee und Arzneien und dem Heizen der Badestube. An der Wende zum 18. Jahrhundert traten immer mehr Chirurgen auf und verdrängten langsam die Bader und Wundärzte. Diese Chirurgen hatten eine medizinische Ausbildung, wurden aber dennoch weiterhin vom Volk als Bader bezeichnet.[19]

Der Bader und Wundarzt Tobias Hueber hatte 1729 die als Hexe verdächtigte Magdalena Grillenberger und deren Tochter Maria zu untersuchen und fand am Leib der Mutter „verdächtige Massen und Zeichen" und bei der Tochter „eine abscheuliche Krankheit". Auch beim Sohn Jakob stellte Hueber am rechten Arm „ein verdächtiges, langlertes Maserl" fest. Nachdem der andere Sohn der Magdalena Grillenberger, Matthias, tot im Gefängnis Zellhof aufgefunden wurde, stellte Hueber fest, dass dessen „Genackh wurtz ab" sei und es ihm „der leidige Satan abgedruckhet habe".[20]

Im Markt Zell lag das große herrschaftliche Pfründnerspital, heute das Haus Binderberg 1. Dieses wurde bereits vor 1581 errichtet, denn im Zuge eines Umbaus 1928 wurden datierte Fresken aus dieser Zeit aufgedeckt, die leider wieder übermalt wurden. 1756 erließ Graf Norbert Salburg eine neue Spitalsordnung, die bis 1926 gültig war. Diese gibt gute Einblicke in die Entwicklung der sozialen Verhältnisse. Ein Meier und eine Meierin organisierten die Arbeiten im Haus und am Felde, der Spitalsmeister hatte für die Einhaltung der Spitalsordnung zu sorgen. In den Händen des Spitalsmeisters, der jährlich beim Lichtmess-Taiding von der Bürgerschaft gewählt wurde, lag auch die gesamte Vermögensgebarung des Spitals. Aufgenommen wurden arme, alte oder gebrechliche Bürger und Bauern der Herrschaften Prandegg und Zellhof, Frauen und Männer, wobei die Zahl von 15 Insassen nicht überschritten wurde. Die Bewohner des Spitals wurden „Pfründner" genannt. Haus- sowie Feldarbeit und die Betreuung der Kranken und Pflegebedürftigen mussten diese selbst erledigen. Der Unterhalt ergab sich aus Spenden der Bevölkerung und aus der Herrschaft Zellhof'schen Spitalsstiftung. Die Pfründner erhielten volle Verpflegung, die durchaus gut bemessen war. Sie hatten außerdem das Recht, an allen Freitagen mit einer Büchse von Haus zu Haus zu gehen und zu sammeln.[21]

Die erste Nachricht über eine Schule in Zell stammt aus 1605, doch dürfte diese bereits länger bestanden haben. Die Anstellung eines Schulmeisters geschah seitens der Herrschaft. Aus einem Anstellungsvertrag[22] von 1620 geht hervor, dass Deutsch, Latein, Lesen, Schreiben, Rechnen, Musik und Religion unterrichtet wurden. Mitte des 18. Jahrhunderts werden auch weitere Schulgehilfen genannt, ab 1778 wurde die Schule zweiklassig geführt.[23]

Pfarre – kirchliches Leben – Wallfahrten

Die Pfarrkirche St. Johannes Baptist zu Zell ist eine gotische, dreischiffige Kirche, die in der Zeit zwischen 1370 und 1510 errichtet wurde. Oftmals umgestaltet, behielt sie dieses spätmittelalterliche Aussehen bis heute. An der Wende zum 18. Jahrhundert war die Kirche im Inneren bereits zum Teil barockisiert worden, denn große Schäden am Dach gaben 1666 den Anlass für eine Umgestaltung: Es entstand eine einheitliche und neue Barockeinrichtung, bestehend aus Hochaltar, Kanzel, Kommuniongitter, Marien- und Hedwigsaltar.[24] Dieser Zustand des Kircheninneren blieb weitgehend bis in die 1740er Jahre erhalten, ehe beinahe alles wieder entfernt bzw. neu gestaltet wurde. Anlass waren die entstandene Marienwallfahrt und die damit einhergehende verbesserte wirtschaftliche Situation der Pfarre Zell, die eine völlig neue Innenraumgestaltung möglich machte. Die Bedeutung der Wallfahrt für den ganzen Ort drückt sich auch darin aus, dass der Markt nun nicht mehr, wie früher manchmal, Zell bei St. Hedwig genannt wurde, sondern in Quellen die Namen Klein-Mariazell, Klein-Zell bei Zellhof oder Maria Klein-Zell zu finden sind, die sich aber nie durchzusetzen vermochten und nur lokal manchmal verwendet wurden.[25] Der Zeller Pfarrer Joseph Adam Kipelli versuchte dies 1772 in seiner ausführlichen Beschreibung der „Pfarr Zell nächst Zellhof"[26] folgendermaßen zu erklären: „Zell im Markt wird nur von Theils Leuten Klein Zell von darum genannt, weill da ein Gnadenbild der Mutter Gottes wie jenes zu Maria Zell in Steyermarkt verehret, und Sommerzeit von Kirchfahrten besucht wird."

Bemerkenswert ist auf jeden Fall, dass parallel zum Hedwigsbründl die nur wenige Gehminuten davon entfernte Pfarrkirche Zell um 1740 zu einem Mariengnadenort wurde, obwohl die Pfarrkirche keine Marienkirche ist. Es hatte zuvor keinerlei Ansätze dazu gegeben und es fehlte auch – anders als beim Hedwigsbründl – eine entsprechende Gründungslegende.[27]

Zur Entstehung beigetragen hat eine um 1740 wütende Epidemie. Sie führte in Zell zu einem massiven Bevölkerungsrückgang um etwa ein Fünftel der Gesamtbevölkerung: 1740 starben 74 Personen, 1741 waren es schon 183 und im Jahr darauf 102 Menschen.[28] Es verwundert daher nicht, dass die Menschen Trost und Hoffnung in der Religion und im gemeinsamen Gebet suchten. In diesen schwierigen Zeiten kamen immer mehr Menschen zum Marienaltar der Pfarrkirche und suchten Zuflucht und Errettung aus ihrer Notsituation. Viele Gebete wurden erhört und schließlich fand auch die Epidemie ein Ende. Dies war der Auslöser für den Beginn einer unglaublich stark besuchten Wallfahrt. Das Gnadenbild, Maria mit dem Kind, zeigte kostbare Gewänder und Perücken und Kronen. Ein interessantes Detail ist, dass sogar ein eigener Mechanismus erfunden wurde, um das Gnadenbild zu beleuchten. In der Gnadenkapelle, der ursprünglich dem heiligen Sebastian geweihten Gruftkapelle der Pfarrkirche, hingen sechs versilberte Ampeln vom Gewölbe.[29]

1753/54 mussten zusätzlich zu Pfarrer Josef Adam Kipelli zwei Hilfspriester angestellt werden, um die vielen Wallfahrer seelsorglich betreuen zu können. Das machte eine Erweiterung des Pfarrhofes notwendig.

Für den gesamten Ort waren die folgenden vier Jahrzehnte von wirtschaftlicher und auch von architektonischer Bedeutung. Gerade in der Pfarrkirche war die Wallfahrt ein Anlass, das Innere erneut völlig umzugestalten und dem Geschmack der Zeit anzupassen. Geld dafür dürfte wohl genug vorhanden gewesen sein, schreibt doch Lambert Stelzmüller von sehr beträchtlichen Eingängen an Opfergeldern.[30]

1746 wurde ein neuer Hochaltar in Auftrag gegeben, nicht einmal 80 Jahre nach Vollendung des Vorgängeraltares. Dieser für eine Mühlviertler Landpfarre äußerst prachtvolle Altar ist bis heute erhalten geblieben. Franz Ludwig Grimm aus Vornbach in Bayern schuf unter Mitwirkung der Maler Bartholomäo Altomonte und Johann Georg Dollicher den barocken Altaraufbau aus Stuckmarmor und Fresken, mit dem Altarbild der Taufe Christi durch Johannes im Zentrum. Vier lebensgroße weiße Stuckstatuen stehen in den Fensternischen der Apsis. Sie sind sowohl allegorisch zu deuten, als auch durch ihre Attribute identifizierbar: Elisabeth und Zacharias, Elisabeth von Thüringen und Hedwig von Andechs. Neben dem Hochaltar entstanden in der Zeit der Wallfahrten auch noch die barocke Ausschmückung des Presby-teriums, die Kanzel, das Kommuniongitter und ein schmiedeeiserner Wandleuchter. Es folgten noch viele weitere Umgestaltungen, wie die Ausmalung des Presbyteriums und der Gnadenkapelle mit Fresken Johann Georg Dollichers, die Errichtung einer neuen Orgel und die Weihe einer fünften Glocke.

Der Marienwallfahrt war keine lange Lebensdauer beschert, denn schon 1784, nach nicht einmal 45 Jahren, durften auf Anordnung Kaiser Josephs II. keine bekleideten Statuen in Kirchen aufgestellt wer-den. Da die Zeller Gnadenstatue aber nur mit Beklei-dung aufgestellt werden konnte, musste sie aus der Kirche entfernt werden. Damit hatte die Wallfahrt ein Ende gefunden.[31]

Nach den Umgestaltungen in der Pfarrkirche war man in Zell sehr darauf bedacht, überall Verschöne-rungen und Verbesserungen durchzuführen. Auf-grund des großen Zustroms von Wallfahrern zur Pfarrkirche schämte man sich unter anderem des bereits arg verfallenen Hedwigsbründls[32]: „1764 wurde zuerst das Bründl selbst, das man ‚Ursprung‘ nannte, neu gefasst und eingedeckt und dann die Kapelle erbaut."[33] Diese Kapelle war von beachtlicher Größe, mit Bänken, Altar und Glockenturm ver-sehen. Teile der Einrichtung (Statuen und Wasser-becken) finden sich in der im ausgehenden 20. Jahr-hundert neu gestalteten Hedwigskapelle wieder. Der barocke Andachtsort hatte leider keine lange Lebens-zeit, denn bereits nach 1800 wurde die Kapelle abge-tragen und nur in kleiner Form wiedererrichtet.

Zusammenfassung

Aberglaube, Angst und religiöser Fanatismus sind Charakteristika weiter Bevölkerungsteile Mitteleuropas gerade im 16. und 17. Jahrhundert. Von außen betrachtet, setzt hier das 18. Jahrhundert eigentlich einen Kontrapunkt, sehen wir es doch als eine Epoche an, die aufgeklärt war, die sprichwörtlich „mit Licht arbeitete", nicht nur in der Architektur. Bei genauerer Betrachtung hingegen muss man schmerzlich erkennen, dass die oben genannten Charakterzüge sich auch in den Menschen dieses Jahrhunderts noch wiederfinden. Gründe hierfür waren Krisenzeiten, kriegerische Ereignisse, Seuchen und Krankheiten, und letztlich die Menschen selbst, die ihre eigenen Sorgen und Ängste auf andere Menschen projizierten. Der Grillenberger Hexenprozess fußt auf solchem Aberglauben, auf Angst und religiösem Fanatismus.

Mitausgelöst und intensiviert wurde dieses Drama durch die Situation der Mühlviertler Marktgemeinde Zell in der 1. Hälfte des 18. Jahrhunderts. Eine Gemeinde im Spannungsfeld zwischen Herrschaft, Bürgertum und Bauernschaft, mit bitterer Armut und dadurch geschürtem Neid auf den Wohlstand anderer. Ein durch Steuern, Abgaben und Naturereignisse verschuldeter Markt auf der einen und eine reiche, durch die Marienwallfahrt aufblühende Pfarre auf der anderen Seite. Eine soziale, beinahe moderne Versorgungseinrichtung wie das Pfründnerspital gegenüber Wundärzten, Badern und abergläubischen Chirurgen.

Eingebettet in diese verschiedenen Spannungsbögen liegt der tragische Fall der Magdalena Grillenberger und ihrer Familie. Ohne diesen historischen Kontext nicht verstehbar, aber auch in diesem Kontext ein dauerhaftes Rätsel mit der wohl nie zu beantwortenden Frage: „Wie konnte das alles überhaupt geschehen?"

ANMERKUNGEN

1 Magdalena Rabel(?), geboren am 23.4.1670 am Wagenlehnergut in Zell (Pfarrarchiv Bad Zell, Taufbuch II, 120.). Eheschließung mit Thomas Grillenberger am 23.1.1688 (Pfarrarchiv Bad Zell, Trauungsbuch II, 382.).
2 Vgl. Haider Siegfried: Geschichte Oberösterreichs. Wien 1987, S. 206–294.
3 Pfarrarchiv Bad Zell.
4 Stelzmüller Lambert, Schmidt Alois: Heimatbuch der Marktgemeinde Bad Zell, Linz 1985, S. 119f.
5 Ebd., S. 81.
6 Ebd., S. 79–81.
7 Pfarrarchiv Bad Zell.
8 Stelzmüller Lambert, Schmidt Alois: Heimatbuch der Marktgemeinde Bad Zell, Linz 1985, S. 76f.
9 Dies ist der heutige Pfarrfriedhof Bad Zell.
10 Stelzmüller Lambert, Schmidt Alois: Heimatbuch der Marktgemeinde Bad Zell, Linz 1985, S. 79–81.
11 1769 und 1800.
12 1754 und darauf folgend Hochwasser des Kettenbaches, Schäden an Gebäuden und drei Tote.
13 Stelzmüller Lambert, Schmidt Alois: Heimatbuch der Marktgemeinde Bad Zell, Linz 1985, S. 79–81.
14 Ebd., S. 64f.
15 Ebd., S. 78.
16 Ebd., S. 42–46.
17 Ebd., S. 68–70.
18 Ruttmann Rupert, in: Ebd., S. 201.
19 Ebd., S. 201–204.
20 Ebd., S. 202.
21 Stelzmüller Lambert: Das Spital in Zell bei Zellhof, in: Heimatgaue, Sonderdruck Linz 1928, S. 209–218.

22 Pfarrarchiv Bad Zell.

23 Stelzmüller Lambert, Schmidt Alois: Heimatbuch der Marktgemeinde Bad Zell, Linz 1985, S. 234.

24 Vgl.: Stelzmüller Lambert: Geschichtsblätter aus Zell bei Zellhof. Pfarrkirche und Hedwigsbründl, Linz 1928, S. 28–32.

25 Vgl.: Schiefermüller Maximilian: Von der Wallfahrt zur Wellness. Die Geschichte des Hedwigsbründls in Bad Zell, Admont 2009.

26 Pfarrarchiv Bad Zell.

27 Vgl.: Schiefermüller Maximilian: Von der Wallfahrt zur Wellness. Die Geschichte des Hedwigsbründls in Bad Zell, Admont 2009.

28 Pfarrarchiv Bad Zell.

29 Vgl.: Stelzmüller Lambert: Geschichtsblätter aus Zell bei Zellhof. Pfarrkirche und Hedwigsbründl, Linz 1928, S. 33f.

30 Vgl.: Ebd., S. 33.

31 Vgl.: Schiefermüller Maximilian: Von der Wallfahrt zur Wellness. Die Geschichte des Hedwigsbründls in Bad Zell, Admont 2009.

32 Stelzmüller Lambert: Geschichtsblätter aus Zell bei Zellhof. Pfarrkirche und Hedwigsbründl, Linz 1928, S. 60.

33 Ebd., S. 61.

Dieter Eder

Der Hexenwahn der Barockzeit und der Wagenlehnerprozess

Die Hexenprozesse bilden wohl das dunkelste Kapitel der heimatlichen Geschichte. Würden die Prozessakten das Geschehen nicht genau protokollieren, wäre man versucht, das Berichtete als frei erfunden zu betrachten.

Über all die Jahrhunderte hinweg hatten sich im Volksglauben neben der offiziellen Religion altheidnische Praktiken und Vorstellungen erhalten. Da man sich besonders zum Gedeihen der Saat und beim Einbringen der Ernte dem Wetter ausgeliefert fühlte, wurden im Geheimen den Elementen und den Dämonen Opfer dargebracht. Sie galt es zu besänftigen und zum eigenen Vorteil umzustimmen. Asche wurde in den Wind gestreut und dazu gemurmelt:

Wind, da hast Aschn, kimm,
nimms hoam zu dein Weib und Kind.

Um einen Schadenzauber von Seiten der Hexen abzuwehren, opferte man mit dem Spruch:

So Hex, da hast das Dein,
lass mir das Mein.

Man meinte auch, durch das Verrücken der Tischplatte den Wind abwehren zu können. Nach einer abergläubischen Vorstellung holt der im Wind waltende Gott die Seelen der Verstorbenen heim.

Weit verbreitet war die Meinung, bei den Gatter-
säulen, von denen sich in unserer Gegend einige
erhalten haben, hielten sich unerlöste arme Seelen auf.
Ihnen wurden in den Säulenlöchern, durch die der
Wind blies, Speiseopfer gereicht. Gegen die Bedrohungen der Spuk- und Geisterwelt versuchte man
sich durch antidämonische Wirkmittel wie Salz,
Essig, stark duftende Pflanzen und Asche zu schützen.
Auch Hostien spielten im abergläubischen Miss-
brauch, wie bald beschrieben wird, eine zentrale
Rolle. Sie wurden aus dem sakramentalen Zusammenhang gerissen und als Zaubermittel verwendet.
So wird von einem hartnäckigen Sünder berichtet, der
auf dem Scheiterhaufen trotz eifriger Bemühungen
des Henkers nicht in Flammen aufging. Da wurde
schließlich eine Hostie ins Feuer geworfen, und
„sofort löste sich der Zauber, und der vom Glück
verlassene Ketzer" wurde sogleich von den todbrin-
genden Flammen erfasst.

Mit voller Wucht brach im 17. Jahrhundert der
Hexenwahn in unser Land ein. Man schätzt, dass ihm
in Europa zumindest 100.000 Menschen zum Opfer
fielen. Elemente jenes entsetzlichen Aberglaubens
waren der Teufelspakt, die Teufelsbuhlschaft, der
Hexenflug, der Hexensabbat und der Schadenzauber.

Die der Zauberei verdächtigten Frauen und Männer sollten, so der Vorwurf, ihre Seele dem Teufel
verschrieben haben. Frauen wurden bezichtigt, „Buhl-
schaft" (geschlechtlichen Verkehr) mit dem Teufel zu
pflegen, also sich mit dem Teufel zu „vermischen".
Daraus schloss man, dass die Kinder der Hexen
Sprösslinge des Teufels seien. Zum Hexensabbat

treffen sich die Hexen nach Überzeugung der Hexenverfolger an bestimmten Wegkreuzungen und markanten Punkten, wie etwa dem Ofnerkreuz an der Straße nach Allerheiligen, dem Lindnerkreuz oder dem Aglaskreuz an der alten Straße von Schönau nach Unterweißenbach.

Beim Überfliegen der Bauernhöfe könnten die Hexen dem Vieh und den Menschen, auf die sie es abgesehen hätten, Schaden anzaubern. Der Schadenzauber in Form von Wetterzauber, Milchzauber, Krankheitszauber war das eigentliche Kernstück des Hexenglaubens. Die zerstörerische und dämonische Kraft der Hexen wurde auf die Teufelsbuhlschaft zurückgeführt.

Die abergläubischen Wahnideen steigerten sich zu einer Massenhysterie, die alle Kreise der Bevölkerung ergriff. Die Opfer stammten allerdings fast nur aus der bäuerlichen Bevölkerungsschicht. Denn diese erfreute sich keiner Protektion und keines besonderen Schutzes. Prozesse gegen das Landvolk konnte man reibungslos über die Bühne bringen. Die heimischen Grundherrschaften waren an den Prozessen nicht sonderlich interessiert und haben sie kaum forciert. Die Prozesskosten waren sehr hoch und konnten oft nicht durch den Zugriff auf die Güter der Verurteilten gedeckt werden. Die Verfahren sind zwar an den örtlichen Landgerichten Ruttenstein, Prandegg-Zellhof, Schwertberg und Reichenstein abgewickelt worden, wegen der Schwere des Deliktes standen sie jedoch unter der Prokuratur der höheren Landesinstanz in Gestalt des kaiserlichen „Bannrichters", was die Kosten in die Höhe trieb.

Geständnisse wurden den unschuldigen Opfern mit Hilfe der Folter, des Bindens, des Streckens oder des „Daumstocks" (Daumenschraube) abgepresst. Es gab allerdings auch altersbedingte Ausnahmeregelungen für das Foltern. Da Hexerei als Sonderverbrechen galt, wurde den Angeklagten kein Advokat zur Verteidigung zugestanden. Wie sollten sich da die eingeschüchterten, des Lesens und Schreibens unkundigen Angeklagten gegen eine Kommission, der ausgebildete Juristen angehörten, behaupten können?

Die Verfahren, die unser Gebiet betrafen, lösten, einmal in Gang gekommen, eine Kettenreaktion aus. Wenn ein Verhörter unter der Folter seine angebliche Schuld gestand, wurde er gezwungen, Namen von Mitbeteiligten zu nennen.

Rechtsgrundlage war die „Constitutio Criminalis Carolina", die Prozessordnung Karls V. aus dem Jahre 1532. Im Artikel 109 heißt es: „Item so jemandt den leuten durch zauberey schaden oder nachteil zufügt, soll man straffen vom leben zum todt, und man soll solche straff mit dem feuer thun." In manchen Fällen wurde gnadenhalber die Enthauptung anstelle des Feuertodes gewährt. Neben der Hauptstrafe wurden noch Zusatzstrafen, z. B. Zwicken und Reißen mit glühenden Zangen, verhängt. Sadistischen Neigungen waren Tür und Tor geöffnet.

Die Missgunst von Nachbarn und Bekannten brachte in der Regel die Sache in Gang. Gab es beim Vieh im Stall ein Unglück, hielt man Ausschau nach Personen, von denen der Schaden ausgehen könne. Persönliche Feindschaften und Abneigungen spielten beim Schuldigen-Suchen eine Rolle. Mitunter war es bloß der pure Neid. Wenn eine Bäuerin auffallend viel Milch molk und viel Butter rührte, konnte dies schon Argwohn erregen. Das Melken und Butterrühren waren ohnedies sehr heikle Arbeiten, die von allerlei geheimnisvollen Handlungen begleitet waren. Manche Bäuerin pflegte das Butterfass mit Kreuzzeichen, Weihwasser, Salz oder besonderen Salben zu versehen. Zu bestimmten Zeiten gerührte Butter, wie die Bartholomai-Butter (am Bartholomäustag, dem 24. August), verwendete man in der Volksmedizin zu Heilzwecken.

Der Prozess gegen die Wagenlehnerbäuerin und ihre Familie, der in den Jahren 1729 bis 1731 abgewickelt wurde, war eines der letzten großen Verfahren in den Ländern der österreichischen Monarchie.

Das Gerücht über unheilvolle Vorgänge im Wagenlehnerhof dürfte sich bis nach Schönau herumgesprochen haben. Eine Schlüsselrolle spielte das sechzehnjährige Schönauer Mädchen Sibilla Wenigwiser, ein Enkelkind der Wagenlehnerin. Die Taufmatriken der Pfarre Schönau geben Auskunft, dass Sibilla am 16. April 1713 als Kind der Bauersleute Georg und Magdalena Wenigwiser vom Schreinergut in der Schönauer Kirche getauft worden war. Die Schreinerin war eine Tochter der Wagenlehnerin. Als die Wenigwiserleute am Schreinerhof abwirtschafteten, nahm zunächst die Wagenlehnerin und dann eine andere Wagenlehnertochter, die am Kreuzbergerhof verheiratete Regina, Sibilla bei sich auf.

Das Unheil nahm seinen Lauf, als das Kreuzbergerhaus bis auf die Grundmauern abbrannte. Der Verdacht fiel auf das „Billerl", wie man das „Ahnlmensch" der Wagenlehnerin nannte. Von dem für das Kreuzbergerhaus zuständigen Landgericht Ruttenstein wurde Sibilla verhaftet und am 11. Juni 1729, wahrscheinlich unter Androhung oder Anwendung der Folter, einem Verhör unterzogen. Der Ruttenstein'sche Pfleger Hager verstand es, von dem halbwüchsigen Mädchen belastende Aussagen zu erpressen. Insgesamt 33 Personen denunzierte Sibilla, am schwersten beschuldigte sie ihre Großmutter. Sie gab an, es geistere tatsächlich im Wagenlehnerhaus. Dann folgten die üblichen Verdächtigungen: Die Wagenlehnerin melke fremde Kühe. Sie und ihre Kinder seien zum Hexentanz zum Ofnerkreuz geflogen. Hostien seien eingeheilt worden. Man habe den Teufel angebetet und Hostien, wiederum aus der Schönauer Kirche, dem Leibhaftigen vorgeworfen.

Daraufhin trat das Landgericht Prandegg-Zellhof in Aktion. Vorerst wurde beim Wagenlehnerhof eine Hausdurchsuchung durchgeführt. Sie erfolgte unter höchster Geheimhaltung. Es fanden sich einige Dinge, die nach Meinung der Gerichtsherren zur Zauberei benutzt wurden: ein Messer mit weißem Griff, Wachslichter und ein Kolomani-Segen (Papier mit Segensspruch zum hl. Koloman). Eine Verhaftungswelle setzte ein. In Gewahrsam genommen wurden:

Magdalena Grillenberger, die Wagenlehnerin
Magdalena Wenigwiser, Tochter der Wagenlehnerin, Mutter der Sibilla und abgehauste Schreinerin zu Schönau, die beim Köberl wohnte
Regina Körner, Tochter der Wagenlehnerin, verehelicht am Kreuzbergerhof zu Schönau

Jakob Grillenberger, Sohn der Wagenlehnerin am Lindnergut zu Zell

Weiters Johann, Matthias, Maria und Simandl (Simon) Grillenberger, allesamt Kinder der Wagenlehnerin

Blättert man in den Prozessakten, kann man sich die damalige Situation gut vorstellen: das Gewölbe, in dem mit antidämonischen Kräutern geräuchert wurde, was den rauschhaften Wahnwitz noch weiter befeuerte; die Verhörkommission unter dem Vorsitz des kaiserlichen Bannrichters Franz Anton von Kirchstettern, den gleichgültigen Folterknecht, den Gerichtsschreiber, eifrig darauf bedacht, jedes Wort des Richters und der „Hexe" zu Protokoll zu bringen. Und dann, ohne jeden Anwalt, ohne jede Möglichkeit einer Verteidigung, die von Dunkelhaft und Marter gequälte Frau. All dies trug dazu bei, dass die Wagenlehnerin bei den Verhören in Ohnmacht fiel. Einmal glaubten die Gerichtsherren zu erkennen, wie der Teufel in den Raum hereinschiele und das Geschehen verfolge.

Über alle Inhaftierten wurde das Todesurteil verhängt. Der Wagenlehnersohn Matthias wurde im Gefängnis tot aufgefunden. Der zur Totenbeschau herbeigerufene Bader attestierte, dass der Teufel seinem Diener das Genick umgedreht habe, damit er nicht noch weiteres Teufelswerk ausplaudern könne.

Die Wagenlehnerin wurde nach der Verurteilung auf den Richtplatz geführt. Auf dem traurigen Gefährt hockten auch drei ihrer Kinder, die mit ihr sterben sollten. Auf der Richtstätte wurden die Todesurteile verlesen. Dann brach man noch je ein Stäbchen über den Köpfen der Verurteilten. Die Bruchstücke wurden ihnen vor die Füße geworfen. Dies galt als Zeichen, dass sie ihr Leben verwirkt hätten.

Die Grillenbergerin wurde zweimal mit glühenden Zangen in die Brust gezwickt. Dann schlug ihr der Bannrichter Bonifazius Sinhöringer die rechte Hand ab und erdrosselte sie mit einem Strick an einer über dem Scheiterhaufen aufgerichteten Säule. Im lodernden Feuer wurde sie verbrannt. Den Kindern wurden die Köpfe abgehauen und ihre Leiber ins Feuer geworfen. Wie immer bei Hinrichtungen gab es viele sensationslüsterne Zuschauer.

Die Schönauerin Regina Körner vom Kreuzbergerhof, die dem Landgericht Ruttenstein unterstand, wurde in Unterweißenbach zum Tode verurteilt. Auch Sibilla wurde vom Landgericht Ruttenstein verurteilt und mit dem Schwert hingerichtet. Mit ihrer Aussage hatte sie zum Tod so vieler Menschen beigetragen. Sibillas Leichnam wurde verbrannt, die Asche in alle Winde gestreut. Kurz vor ihrem Tod hatte sie noch den letzten Wagenlehnersohn denunziert.

Johann(es) Grillenberger war bisher unbehelligt geblieben, da er sich außerhalb der Zuständigkeit der Landgerichte Prandegg-Zellhof und Ruttenstein aufhielt. Er war Schwertberg'scher Untertan und stand in Dirnberg in Dienst. Auf Grund der Anschuldigungen des Mädchens Sibilla wurde nun auch ihm vom Landgericht Schwertberg der Prozess gemacht. Bemerkenswert ist, dass Sibilla bei einer persönlichen Gegenüberstellung scheinbar die Stirn hatte, dem Bruder ihrer Mutter „ganz hell und heiter", wie es heißt, ihre todbringende Lügenaussage direkt ins Gesicht zu schleudern. So wurde auch vom kaiserlichen Bannrichter Franz Anton von Kirchstettern das Todesurteil verhängt, und zwar wiederum „In nomine Domini nostri Jesu Christi" – „Im Namen unseres Herrn Jesus Christus", so als hätte Jesus Christus selbst das Todesurteil gesprochen oder beglaubigt.

Dem Urteil gegen Johann Grillenberger liegt noch ein genaues Verzeichnis der Unkosten bei. Das Verfahren gegen diesen einen Angeklagten kostete insgesamt 123 Gulden. Bannrichter Kirchstettern erhielt eine Entschädigung von 45 Gulden, Scharfrichter Sinhöringer 28 Gulden. Um 14 Gulden 4 Kreuzer ließen es sich vom 17. bis zum 20. August 1731 der Bannrichter, zwei Kapuziner und der Gerichtsschreiber bei einer Art von „Henkersmahlzeit" gut gehen. Sie führten sich zu Gemüte: Hechte, Karpfen, Krebse, Rindfleisch, Kalbfleisch, Kapauner, Henderl, Wachteln, Enten, Truthähne, Marillen …

Insgesamt muss gesagt werden, dass der Hexenwahn auf einer irrationalen Stimmungslage beruht. In der Dämonologie vermischen sich verschiedene Erklärungsmodelle. Der Dämonenglaube brach von Persien her in die jüdische Religion ein. Er spielte allerdings in den früheren alttestamentarischen Schriften keine besondere Rolle, trotz Ex, Kap. 22, V. 18: Erwähnt wird die Hexe von Endor – „Die Zauberinnen sollst du nicht am Leben lassen." Viel später griff man auf dieses Schriftwort zurück. Im späteren Judentum und dann auch im Christentum (Zeit Jesu, Evangelien) gewann der Glaube an dämonische und satanische

Kräfte wieder an Gewicht. Vorgetragen in Predigten (Abraham a Santa Clara) und durch bildhafte Darstellungen wucherte er im Volk, aber nicht nur bei den einfachen Leuten. Aberglaube, Satans- und Hexenwahn beruhten auch auf der Unwissenheit und Leichtgläubigkeit der Volksschichten, die ganz natürliche Begebenheiten und Zufälle, wie Unwetter, Krankheiten, Viehseuchen, dem Teufel und den mit ihnen verbündeten Hexen und Zauberern zuschrieben.

Es gab aber auch besondere irrationale Schübe. So trieb die Spanische Inquisition (Höhepunkt 1480 bis 1500) unter dem Dominikaner Torquemada ihr schreckliches Handwerk, besonders nachdem Spanien von den Mauren befreit worden war. Sie richtete sich gegen Moslems, Juden und überhaupt gegen jegliche Abweichler und Verdächtige. Wilder Aberglaube blühte auf, als das einigermaßen gesicherte mittelalterliche Weltbild zerbrach. Einerseits noch die glückhafte und innige Harmonie, wie sie sich etwa in den Flügelaltären des ausgehenden 15. Jahrhunderts dokumentiert (Kefermarkt, Waldburg, Riemenschneider), dann schlägt die Stimmungslage um, bis hin zu den bizarren Phantasmen und Kaskaden eines Hieronymus Bosch. Die Umwälzungen im Glauben (Katholizismus, Protestantismus, Gegenreformation) führten ebenfalls im Volk zu einer religiösen Gärung. Bestens beschrieben von Gottfried Keller (Zürcher Novellen, Ursula): „Wenn die Religionen sich wenden, so ist es, wie wenn die Berge sich auftun; zwischen den großen Zauberschlangen, Golddrachen und Kristallgeistern des menschlichen Gemütes, die ans Licht steigen, fahren alle häßlichen Tatzelwürmer und das Heer der Ratten und Mäuse hervor." In Umbruch- und Krisenzeiten erhebt sich das Irrationale. Gegenwärtig erkennen wir diesen Prozess im Islam.

Mehr oder minder abergläubisch waren damals ja alle Menschen, vom Kaiser herab bis zu den einfachen Leuten. Denken wir an Kaiser Rudolf II. im Hradschin zu Prag oder an Kaiser Friedrich III. zu Linz (AEIOU). Erst mit der Aufklärung (Maria Theresia, Joseph II.) setzte zum Teil ein Ernüchterungsprozess ein. In der „Constitutio Criminalis Theresiana" scheint allerdings immer noch das Delikt der Hexerei und Zauberei auf, obgleich die Herrscherin selbst nicht mehr an solche Vergehen glaubte. Friedrich von Spee, ein Jesuit, hatte immerhin schon im Jahre 1649 Schriften gegen Hexenverfolgungen verfasst.

Wandeln sich Weltbilder und Grundauffassungen nicht auch in heutiger Zeit? Daher ist es notwendig, gegen irrationale Strömungen wachsam zu sein.

(Übernommen mit freundlicher Genehmigung des Autors auf der Grundlage von: Eder, Schönau i. M., Die Geschichte eines Dorfes und seiner Menschen)

Zita Eder

ZAUBEREI UND HEXEREI IM VOLKSGLAUBEN UND IN VOLKSSAGEN

Volksmagie und Volksmedizin

Zu jeder Zeit schürten unerklärliche Phänomene in der Natur und Bedrohungen die Angst der Menschen vor geheimnisvollen, dunklen Mächten, die dafür verantwortlich gemacht wurden. Schon vor unserer Zeitrechnung verbreitete sich der Glaube an Geister und Dämonen vom Vorderen Orient zu den Griechen, Etruskern, Kelten, Römern und Germanen. In diesem Zusammenhang ist es vielleicht auch bemerkenswert, dass die Enkelin der Wagenlehnerin den Namen Sibilla trägt. Nach antiker Vorstellung waren Sybillen „begeisterte" Frauen, die den Ratschluss der Götter offenbarten.

Die Menschen, die inmitten einer von Katastrophen bedrohten Umwelt voll sozialer Spannungen zu leben hatten, versuchten, ihren Lebensalltag mit seinen vielfältigen Herausforderungen und ihre Ängste mit Hilfe von Religiosität und Frömmigkeit zu bewältigen. Der religiöse Volksglauben oder die Volksfrömmigkeit zeigten sich in Heiligenverehrungen und Wallfahrten oder Dingen wie Bildern, Schluckbildchen, Büchlein, Heiligenstatuen, Votivgaben etc. Bei den verschiedensten Krankheiten wurden etwa ganz bestimmte Heilige angerufen. Neben der Volksfrömmigkeit bestand die Volksmagie als passende Ergänzung.

Bis zum Ende des 17. Jahrhunderts und darüber hinaus war der Glaube an Zauberei und Hexerei noch stark verbreitet. Und die Volksmedizin, die es schon zu Zeiten der Vor- und Urmedizin gab, entwickelte sich aus der Erfahrungs- und Zaubermedizin. Es gehörte zu Alltag und Brauch, besonders im bäuerlichen Leben, sich kultisch-magischer Praktiken zu bedienen. Man hatte diese Praktiken entweder selbst erlernt, oder man holte sich Rat bei zauberkundigen Personen, die magische Mittel und Sprüche zur Verfügung hatten. Im Vordergrund stand der Wunsch des Menschen, sich vor schädlichen Einflüssen zu schützen, von einem Übel zu befreien, belastende Gefühle auszuleben oder sich vielleicht auch an den Mächtigen zu rächen. Reformation und Gegenreformation wirkten sich auch auf den Volksglauben aus. Manche magische Praktiken erfuhren eine Ablehnung bei den Menschen, auch aus Angst vor der Obrigkeit. Für die wissenschaftliche Medizin oder Schulmedizin stellten die „Naturheiler" gefährliche Rivalen dar, die es zu bekämpfen galt. Unter den zahlreichen volksmedizinischen Schutz- und Heilmitteln gab es die reinen Naturmittel, wie die Anwendung von Fiebertees und Heilwasser, und Heilmittel mit magischem Charakter.

Krankheiten wurden einfach oft nach ihren Symptomen benannt: Schwindsucht (Lungenleiden), Mondsucht (Schlafwandeln), Wassersucht, Bleichsucht, Gelbsucht etc.

Heilpflanzen und Zauberpflanzen

Der Glaube an die Kraft der Pflanzen wurzelt in der uralten Vorstellung, dass die ganze Natur, auch die Pflanzenwelt, beseelt ist.

Bei vielen Heilpflanzen zeigt sich der alte Brauch, die Pflanzen nach den Körperteilen zu benennen, für deren Heilung sie eingesetzt wurden, z. B. Blutwurz bei Blutkrankheiten, Steinbrech gegen Blasenstein, Bruchkraut bei Brüchen, Augentrost bei Augenkrankheiten oder Lungenkraut bei Atembeschwerden. Die Pflanzen mussten zu gewissen Zeiten, an gewissen Tagen, vor Sonnenaufgang und stillschweigend gesammelt werden. Kräuterweiblein und Wurzengraber besaßen ein umfangreiches Wissen über die Heilkraft von Kräutern und wurden dementsprechend häufig um Rat gefragt.

Zauberkräuter sollten besonders vor Negativem schützen oder es vertreiben oder Reichtum und Glück bescheren. Sie wurden als Talisman am Körper getragen oder an geheimen Orten im Haus aufbewahrt. Zauberpflanzen zeigten Besonderheiten in Form, Farbe oder Geruch. Am bekanntesten ist im europäischen und orientalischen Kulturkreis die Alraune oder Mandragora, ein Nachtschattengewächs mit narkotischer Wirkung. Ihre Wurzel zeigt eine menschenähnliche Gestalt. Die Wirksamkeit konnte gesteigert werden, wenn sie bei Neumond oder auf dem Friedhof oder unter dem Galgen gesammelt wurde oder mit Blut getränkt war. Die Alraune wurde daher auch Galgenmännchen, Armesünderblume oder Henkerswurzel genannt. Das Motiv der Alraune fand sogar seinen Niederschlag in der Literatur. Weitere bekannte Zauberkräuter sind Springwurz und Mistel. Besonders die Mistel galt als hexenabwehrend. Der Wunderblume (wahrscheinlich Schlüsselblume oder blaue Wegwarte) und den Johanniskräutern wurden ebenfalls magische Wirkungen zugeschrieben, wie auch Beifuß, Eisenkraut, Bruchkraut, Bärlapp oder Hauswurz. Manche Kräuter sollten beispielsweise in Liebesdingen helfen, z. B. Liebstöckl, Aaronstab, Odermennig oder Wegwarte.

In früherer Zeit wurden Krankheiten als ein von außen kommendes Unheil betrachtet, das durch Hexen oder Dämonen verursacht werden konnte. So glaubte man auch, das Übel an einen anderen Ort übertragen und so vom Menschen wieder losmachen zu können, etwa durch Vernageln oder Verbohren in einen Baum, Verpflanzen auf Bäume, Sträucher oder auf Kräuter wie Brennnessel, Bruchkraut, Hafer, Hirtentäschel, Stinkenden Storchschnabel, Vogelknöterich oder Königskerze.

Heilpraktiken

Auch durch Abmessen oder Abstreifen, Verfüttern ans Vieh, Wegwerfen oder Verbrennen oder Wegschwemmen in fließendem Wasser versuchte man Krankheiten zu vertreiben. Von großer Bedeutung war in der Volksmedizin die Wundbehandlung, z. B. der Aderlass zum Ableiten des schlechten Blutes oder das Umgürten kranker Körperteile.

Als Heilmittel wurden auch Mineralien wie etwa der „Blutstein" (Hämatit) zur Blutstillung oder das

„Augennix" (Bergkreide oder Bergmilch) bei Augenleiden eingesetzt.

Zusätzlich zu den zahlreichen Heilmitteln gab es den Wortzauber, wie das „Besprechen" einer Krankheit. Dabei wurde der erkrankte Körperteil berührt und eine Beschwörungsformel gesprochen. Auch das geschriebene Wort wurde angewendet, in Form von „Gichtzetteln", „Fieberzetteln" oder „Fraisbriefen", verbunden mit Handlungen und Gebeten.

Der Amulettglaube war ebenfalls von großer Bedeutung, besonders bei Kinderkrankheiten wie der „Fraisen", einem krampfartigen Anfall bzw. einer fiebrigen Erkrankung. Als Heilmittel kamen Fraissteine, Fraisknöchelchen, Fraisketterl, Fraishemdchen oder Fraishäubchen zur Anwendung.

Im 19. und 20. Jahrhundert wurden aus den früheren Zauberern und Hexen volksmedizinische Heilerinnen und Heiler, die die Fertigkeit des „Anbrauchens", des „Bannens" oder „Wendens" von Übeln und Krankheiten beherrschten. Ich erinnere mich noch an Erzählungen über die Wenderin Hintermühlner Juja, eine in der Nähe von Bad Zell lebende Frau, die bei Bedrohlichkeiten von Mensch und Vieh häufig aufgesucht wurde und auch half. Und in Bad Zell gibt es heute noch einen weithin bekannten Warzenanbraucher, der mit seinem geheimnisvollen „Warzenbinkerl" Warzen zum Abheilen bringt.

Heutzutage kann man sich sogar zur Magie-Beraterin, einer Art moderner Hexe, ausbilden lassen. In Österreich gibt es Hexenschulen in Wien, Salzburg, Kärnten und in der Steiermark. Das Wissen unserer Vorfahren über alte Bräuche, Heilmittel und Kräuter, die Kunst des Räucherns, das Kaffeesatz-Lesen und über Runen und Tarotkarten wird dort in zeitgemäßer Art und Weise vermittelt und mit systemischer Familienaufstellung kombiniert.

Hexen- und Teufelskräuter

Früher glaubten die Menschen, dass Geister, Dämonen und Hexen in den Bäumen wohnen. Linden, Buchen oder Pappeln wurden mit Hexen in Zusammenhang gebracht. Zahlreiche Flurnamen erinnern an unheilvolle Begegnungen mit vermeintlichen Hexen und Teufeln. Und manche Bäume und andere Gewächse tragen bis heute „hexische Beinamen":

Kopfweiden werden wegen ihrer zahlreichen Verästelungen als Hexenbäume bezeichnet.

Die Mistelnester in den Bäumen heißen auch Hexenbesen, Hexennest oder Drudenfuß.

Der Wurmfarn wird Drudenfuß oder Hexenleiter genannt. Auch den Bärlapp nennt man Drudenfuß.

Faulbaum und Kreuzdorn tragen beide den Namen Hexendorn.

Die Waldrebe wird Hexenstrang, Hexenwinde oder Hexenzwirn genannt.

Die Zaubernuss, eine winterblühende Pflanze, heißt auch Zauberhasel oder Hexenhasel.

Großes und Kleines Hexenkraut sind bekannte Nachtschattengewächse.

Augentrost und Buschwindröschen nennt man Hexenblumen.

Der Bärlauch trägt den Namen Hexenzwiebel, und der Bovist heißt auch Hexenpilz oder Hexenpulver.

Eine kreisförmige Anordnung von Pilzen nennt der Volksmund Hexenring.

Die Sporen des Drudenkrauts (Bärlapp oder Bärnkräutl) heißen im Volksmund Hexenmehl oder -stupp.

Der Saft des Wolfsmilchgewächses wird Hexenmilch genannt und ist ein altes Hausmittel gegen Warzen. Mit Johanniskraut lässt sich der stechende Schmerz im Kreuz, der Hexenschuss, behandeln.

Als Hexen- und Teufelskräuter galten besonders jene Pflanzen, die bei entsprechender (geheimer) Dosierung Rauschzustände hervorrufen konnten. Sie wurden zur Zubereitung von Räucherwerk, Zaubertränken und Salben verwendet, vor allem Mandragora, Stechapfel, Gefleckter Schierling, Schlafmohn, Tollkirsche, Schwarzes Bilsenkraut, Tollkraut und Eisenkraut. Wurden solcherlei Gewächse auf bestimmte Körperteile aufgebracht oder eingenommen, traten nach einiger Zeit sonderbare Wirkungen auf, wie Betäubung, das Gefühl des Fliegens oder andere verwirrte Phantasien, die als real wahrgenommen wurden.

Gegen das „Verschreien" und den „bösen Blick" halfen spezielle Abwehr-, Beruf- oder Beschreikräuter, wie Beschreikraut, Echtes Berufkraut, Alant, Baldrian, Arnika, Dill, Dost und Johanniskraut, Rainfarn, Wermut, Knoblauch, Heidekraut, Mistel, Kümmel, Fenchel, Quendel, Salbei, Pfingstrose, Distel, Dürrwurz, Sumpfgarbe oder Frauenflachs.

Bärlauch hatte den Ruf, wegen seines starken Geruchs Dämonen zu vertreiben. Auch vom Buchsbaum glaubte man, dass er Hexen und Teufel vertreibe, daher wurden vor dem Hauseingang Buchsbaumbüsche gepflanzt. Man glaubte, dass die Hexen in den Zwang verfielen, die Blätter zu zählen, und dabei auf ihre Zauberkünste vergäßen. Buchsbaumzweige sind noch heute Bestandteil des „Palmbuschens", der nach der kirchlichen Weihe Haus und Feld vor Blitzschlag und anderem Ungemach schützen soll.

Um eine Hexe zu erkennen, konnte man sich auch mancher Kräuter als Hilfsmittel bedienen. So sollte man in der Walpurgisnacht Gundelrebe sammeln, einen Kranz daraus flechten und ihn am nächsten Tag aufsetzen. Man sah dann, dass die Hexen entweder einen Schemel, einen Kutschbock (!), ein Schaffel oder einen Kübel auf dem Kopf hatten. Statt Gundelrebe konnte ebenso Liebstöckl oder Tausendguldenkraut verwendet werden. Auch der vierblättrige Klee machte hellsichtig für Hexerei.

In der Walpurgisnacht war es besonders wichtig, Haus und Hof vor Hexen zu schützen. Man sollte an der Stalltür neun Sorten stacheliger Pflanzen befestigen und den Kühen neunerlei Kräuter eingeben, besonders Kümmel, Fenchel, Liebstöckl, Quendel und Salbei.

Am Georgitag wurden Georgi-Astln, Zweige des Faulbaums (auch Ölexn, Fäulbeer oder Traubenkirsche), geschnitten und in Haus und Stall aufgehängt. Eine ähnliche abwehrende Wirkung wurde der Raute, der Mistel und der Pfingstrose zugeschrieben. Oft wurden auch Büschel von Widritat (Widerton) und Daurand (Dorant, Schafgarbe) unter der Türschwelle vergraben. Kranawitt (Wacholder) sollte davor schützen, dass die Milch sauer wird. Auch Zweige von Baldrian und Dost (Wolgemut, Wilder Majoran) wurden im Stall aufgehängt, um das Vieh vor bösen

Einflüssen zu bewahren. Wenn die Milch nicht zu Butter werden wollte, wurde ein Baldriankränzlein geflochten und die „verhexte" Milch hindurchgegossen. Und ein alter Spruch besagt:

Baldrian, Dost und Dill,
da kann die Hex' nicht,
wie sie will.

Wenn einer Kuh das Euter „verhext" wurde, sie also nicht mehr genug Milch gab, sollte man drei Kränzlein aus Gundelrebe winden, die Kuh dreimal von hinten durch die Füße melken, danach der Kuh die Kränzlein zum Fressen geben und dazu sagen:

Kuh, da geb' ich dir Gundelreben,
dass du mir die Milch sollst wieder geben.

Weitere Abwehrmittel

Spitze Gegenstände wie Eggen, Hacken, Gabeln, aber auch Besen dienten als „Hexenfallen". Sie wurden mit den Zähnen oder der Schneide nach oben in der Nähe des Stalles aufgestellt, damit sich die Hexen daran verletzen. Und eine verdörrte „Heppin" (Kröte), im Stall aufgehängt, sollte besonders das Vieh vor allem Bösen schützen.

Sogar das Tragen verschiedenfarbiger Socken konnte vor Hexenfluch bewahren. Und wenn man sich einen Brotkeil oder Brotbrösel in die Tasche steckte, war man vor Hexen geschützt. Bei Waldarbeiten wurde von den Holzknechten das „Kreuzhacken" praktiziert. Dabei wurde nach dem Umschneiden eines Baumes mit der

Hacke ein Kreuz in den Baumstumpf gehackt. Es sollte die Hexen abhalten, sich daraufzusetzen und Unglück über den Wald zu bringen.

Hexenbanner waren Personen, die sich auf die verschiedenen Methoden und Mittel verstanden, die Macht von Hexen zu bannen.

Viele althergebrachte Segenssprüche oder Kräutersegen wurden durch christliche Beifügungen erweitert und blieben daher im Volksglauben lange Zeit erhalten.

Das Bild der Hexe

Eine Hexe war nach dem Volksglauben – und wie sie auch in Märchen und Sagen dargestellt wurde – eine mit übernatürlichen Kräften ausgestattete Frau. Sie konnte Zaubermittel zubereiten und verstand sich auf Prophezeiungen. Hexen und Teufel beflügelten die Phantasie zahlreicher Künstler. Hexen wurden einerseits als böse alte Frauen dargestellt, mit Buckel, Hakennase und Warzen, aber auch als junge, hübsche und verführerische Frauen, oft rothaarig, die Menschen bezaubern und verzaubern können. „Rotes Haar und Sommersprossen sind des Teufels Volksgenossen!" (Peter Prange, Die Philosophin, Frankfurt am Main 2014, S. 39) Das Fliegen galt stets als ein Merkmal der Hexen, wozu ihnen Gegenstände wie Stöcke, Besen oder Backofenschaufeln dienten.

Der Name „Hexe" (althochdeutsch „hagzissa" oder „hagazussa", mittelhochdeutsch „hecse" oder „hesse") bedeutet Zaunreiterin (althochdeutsch „hag", der Zaun). Von ihren Eigenschaften und Fähigkeiten leiten sich Namen wie Gabelreiterin, Bockreiterin, Milchstehlerin, Zeichendeuterin oder Weissagerin her. Andere alte Bezeichnungen sind Unholdin, Drud oder Trud. Auch andere Figuren, wie z. B. „Frau Bercht" oder „die Wilde Jagd", wurden in Zusammenhang mit hexischem Treiben gesehen. Noch heute wird „Hexe" als Schimpfwort für unansehnliche oder unangenehme Frauen verwendet.

Hexenschauplätze

Früher glaubte man, dass sich Hexen und Gespenster zu besonderen Anlässen auf Bergen oder höher gelegenen Plätzen zum „Hexenkirtag" oder „Hexensabbat" treffen und dort ihre Feste feiern. Als magische Nächte galten die Walpurgisnacht vor dem 1. Mai oder die Johannisnacht im Juni, die Lichtmessnacht im Februar oder die Thomasnacht und die Heilige Nacht im Dezember.

Der Blocksberg (eigentlich: der Brocken im Harz) ist der wohl bekannteste, in Verbindung mit Hexen erwähnte Berg. Aber auch in vielen anderen Gegenden gibt es heute noch Bezeichnungen wie Hexenstein, Hexenmauer, Hexenberg oder Venusberg. Und große ebene Flächen mit geringer Vegetation werden oft als „Tanzboden" bezeichnet.

Hexentiere

Die Tierverwandlung spielt beim Hexenthema ebenfalls eine Rolle. So wurden folgende Tiere mit Hexen in Verbindung gebracht:

Fliegende und flatternde Tiere: Biene, Hummel, Libelle, Schmetterling, Fledermaus, Eule oder Rabe
Kleintiere: Spinne, Käfer, Ratte, Igel, Wiesel, Hase, Schlange oder Kröte
Haus- und Nutztiere: Katze, Hund, Ziege oder Kuh
Waldbewohner: Hase, Fuchs oder Wolf

Wetterhexen, Getreidehexen, Stallhexen oder Kinderhexen

Getreide, Vieh und kleine Kinder waren besonders durch die Nachstellungen von Hexen gefährdet.

Von den Wetterhexen glaubte man, dass sie Gewitter und Hagel erzeugen könnten, um die Ernte zu vernichten. Hexenhagel könne man daran erkennen, dass sich im Inneren der Hagelkörner Fäden befinden, die als Hexenhaare bezeichnet wurden. Um Wetterhexen zu vertreiben, wurden oft die Kirchenglocken geläutet.

Den Getreidehexen wurde nachgesagt, dass sie in leuchtenden Gewändern in den Feldern herumschleichen und die Menschen erschrecken. Sie konnten schweren Schaden anrichten, indem sie den „Durischnitt" (Durchschnitt) oder den „Kreuzschnitt" anwandten. Dabei zeigte sich ein Streifen oder ein Kreuz von abgeschnittenen Halmen, oft dunkel verfärbt, im Getreidefeld. Man glaubte, dass Hexen mit Hilfe des Teufels auch fremdes Getreide in die eigenen Scheunen hexen konnten. An bestimmten Tagen, z. B. am Georgitag und am Sonnwendtag, würden die Hexen den Tau vom noch grünen Getreide fischen. Wurden sie dabei von jemandem beobachtet, könne es demjenigen schlecht ergehen. Die Hexen gaben den gesammelten Tau ihren Kühen ein, oder sie strichen den Kühen mit der taunassen Hand über den Rücken. Diese gäben daraufhin mehr Milch als die Nachbarskühe. Durch das Melken von Grastuchzitzln – so nannte man die Bänder des großen Leinentuches zum Einfüllen von Grünfutter – konnten Hexen angeblich Milch herbeizaubern. Waren Hexen neidisch auf das Nachbarsvieh, liehen sie sich etwas vom Nachbarhof aus und brachten bei dieser Gelegenheit Unglück ins Haus.

Die Stallhexen waren schuld an der Erkrankung des Viehs, wenn man im Stall „raulade Wutzln" (zottelige Knäuel) fand. Die Kühe wurden krank und gaben keine Milch mehr oder Blut statt Milch.

Kinderhexen konnten die kleinen Kinder mit dem „bösen Blick verschauen" oder ihnen durch „Verschreien" Unglück bringen. Ein Kind konnte auch vertauscht werden mit einem „Wechselbalg", den der Teufel aus Holz geschnitzt hatte. Wurde am Sonnwendtag Kinderwäsche im Freien zum Trocknen aufgehängt, konnte sie verhext werden. Die Kinder bekamen daraufhin das „Nochtgschroa" und schrien und weinten nächtelang.

Hexen in Volkssagen

Im Mühlviertel gibt es viele Hexen- und Teufelssagen. Hexen, Zauberer und Hexenbanner leben darin oft in Gemeinschaft mit besonderen Tiergestalten oder Fabelwesen. Häufige Themen sind Schadenzauber wie das Verzaubern der Kühe, das „Verschreien" der Kleinkinder oder das „Anhexen" von Krankheiten. Auch der Teufel hat dabei immer wieder seine Hände im Spiel. Im Volksglauben hatte der Teufel manchmal durchaus eine menschenähnliche Gestalt, als ein einfach gekleideter Bauer oder ein städtisch eleganter Mann. Er konnte aber auch als Tier auftreten, besonders solche mit schwarzem Fell oder Federn.

Das Andenken an verurteilte Zauberer und Hexen blieb, das zeigen auch die Sagen über die „Wagenlehnerhexe", durch die Überlieferungen lebendig. Das historische Faktum der Hinrichtung wirkt in den Sagen aber nicht mehr ganz so grauenvoll und wird oft nur beiläufig erwähnt.

In der folgenden Auswahl aus dem Sagenbuch von Adalbert Depiny finden wir die verschiedensten Verhaltensweisen und „Künste", die auch in den Hexenprozessen zur Sprache kamen und als Argument zur Verurteilung und Hinrichtung von unzähligen Menschen benutzt wurden.

Den Anfang bildet die Sage von der Wagenlehnerin zu Zell und ihren Kindern, in der über verschiedene Hexereien berichtet wird. Am Ende der Sage kommt eine Besonderheit bei Hinrichtungen ins Spiel: „Gnadenhalber" wurde manchmal Schießpulver in den Scheiterhaufen gesteckt, zur Herbeiführung eines schnelleren Todes der Verurteilten.

Weitere Sagen erzählen vom Tausammeln, der Verwandlung einer Hexe in eine Kröte oder von verhextem Vieh, verhextem Schmalz und verhexter Butter. Auch über eine Getreidehexe wird berichtet, die im Getreidefeld den „Durischnitt" oder „Kreuzschnitt" vollführte. Weiters kommen verschiedene Arten der

Hexenabwehr zur Sprache, auch Gottgläubigkeit oder die Hilfe eines Geistlichen werden als Schutz vor Hexenzauber angeführt. Die beiden letzten Sagen erzählen vom missglückten Versuch der Erlösung einer Hexe sowie einem erfolgreichen Hexenbanner.

Die Sage von der Wagenlehnerin in Zell

Die Wagenlehnerin aus Zell, auch Nagllehnerin genannt, und ihre Töchter waren als Hexen verschrien. Es wird berichtet, dass die jüngste Tochter schon mit zwölf Jahren aus einer einzigen Kuh viele Sechter Milch melken konnte.

Einmal kam in der Heiligen Nacht die Wagenlehnerin mit ihren Töchtern erst um zwei Uhr in der Früh nach Hause. Sie hatte beim Ofnerkreuz, wo ein Sammelplatz für Hexen war, mit dem Teufel Hochzeit gehalten. Ihrem Mann erzählte sie, dass sie in der Mette gewesen sei. Dieser wunderte sich sehr, weil er sie in der Kirche nicht gesehen hatte.

Ein anderes Mal fuhr die Wagenlehnerin mit dem Besen durch den Kamin und brauste mit dem Gewittersturm bis zum Stephansdom nach Wien. Der Sturm tobte so fürchterlich, dass die aufgestellten Jahrmarktbuden umstürzten.

Schließlich wurde das wilde Treiben ruchbar. Eines Morgens tauchte der Pfleger von Zellhof am Wagenlehnerhof auf. Er fragte die 15-jährige Tochter der Wagenlehnerin, ob sie melken könne. Das Mädchen band ein Grastuch an eine Mauer und begann zu melken. Zur gleichen Zeit fiel bei einem Nachbarn eine Kuh im Stall tot um. Daraufhin wurden die

Wagenlehnerin, ihre Kinder und ihre Enkelin verhaftet. Sie wurden gefoltert und fanden einen schrecklichen Tod. Als man die Wagenlehnerin auf dem Scheiterhaufen verbrannte, schrie sie aus dem Feuer: „Jogerl, schiaß!" Der Teufel aber rief: „I han koa Pulver net!"

Die Tausammlerin von Zell

In der Sonnwendnacht zu mitternächtlicher Stunde rastete einmal ein Handwerksbursch auf einer Anhöhe oberhalb von Zell. Er ließ sich auf einem Baumstrunk nieder. Da sah er plötzlich, keine 25 Schritte entfernt, eine alte Frau beim Tausammeln. Sie huschte über die Wiese und sammelte mit ihrem Kopftuch die Tautropfen ein. Der Bursche erschrak zutiefst, denn nun wusste er, dass die Frau eine Hexe war. Schnell rannte er davon, ohne sich noch einmal umzuschauen.

Der Hexenkreis

Ein alter Mann, der schlechte Füße hatte, ritt abends immer auf seinem Pferd in ein entferntes Gasthaus. Dabei war er schon mehrmals an Hexenzusammenkünften vorbeigekommen. Einmal hänselten ihn seine Zechgenossen, und er wettete mit ihnen, dass er mitten durch den Hexenkreis reiten würde, obwohl gerade eine Raunacht war. Er tat, was er gesagt hatte, aber er versicherte nachher den anderen, dass er es kein zweites Mal tun würde.

Die Wirtin als Hexe

Als ein Bauer und eine Bäuerin einmal beim Mähen waren, hüpfte eine Kröte vor die Sense des Bauern.

Die Bäuerin sagte, er solle die Kröte töten. Der Bauer aber tat es nicht. Eine Zeit später ging der Bauer auf den Markt und kehrte dann in einem Wirtshaus ein. Die Wirtin war recht freundlich zu ihm und setzte ihm nur Gutes vor. Dann ließ sie ihn nicht einmal die Zeche zahlen und schenkte ihm noch ein schönes Halstuch für die Bäuerin. Dem Bauern kam das alles nicht geheuer vor und er band das Halstuch seinem Hund um. Da zerriss es den Hund in Stücke. Die Wirtin war eine Hexe und auch jene Kröte gewesen.

Das verhexte Stallvieh

In einem Bauernhaus gab es immer Unglück mit dem Vieh. Einmal kam ein Fremder ins Haus und hörte davon. Er ging in den Stall und sagte: „In der Senk-grube liegen die Gebeine von einem Kalb, das verhext war." Er trug die Knochen weg, und niemand durfte ihm nachschauen. Von nun an gab es kein Unglück mehr in dem Haus.

Die verhexte Kuh

In einem Bauernhaus wurde eine Kuh krank. Nie-mand konnte ihr helfen, nicht einmal der alte Vieh-doktor. Die Kuh musste verhext sein. Da wurde der alte Totengräber um Rat gefragt. Dieser bestellte den Bauern um Mitternacht auf den Friedhof und gab ihm ein Päckchen: „Leg es drei Tage in den Stall, aber mach es nicht auf. Und wenn jemand in diesen drei Tagen zu dir kommt, so gib ihm nichts!" Am ersten Tag kam beim Zwölf-Uhr-Läuten ein buckliges Weiblein aus der Nachbarschaft und bat um Salz. Der

Bauer gab ihr nichts. Am zweiten Tag kam sie wieder und wollte Mehl. Wieder bekam sie nichts vom Bauern. Am dritten Tag kam sie um ein Krüglein Wasser. Während das Weiblein zum Brunnen ging, besprengte sie der Bauer heimlich von hinten mit Weihwasser. Da schüttete sie zornig das Wasser aus und ging davon. Schon am Nachmittag war die Kuh gesund. Das Weiblein aber starb noch am selben Abend. Um Mitternacht ging der Bauer zum Totengräber und gab ihm das Päckchen unversehrt zurück.

Das verhexte Vieh

Eine Pfarrersköchin kaufte bei einer Bäuerin Schmalz. Diese goss es ihr gleich selbst in ein Häfen. Daheim merkte die Köchin, dass das Schmalz nicht weniger wurde. Wenn sie etwas herausnahm, war beim nächsten Mal das Häfen wieder voll. Sie meldete es dem Pfarrer. Der ordnete an, das Schmalz umzufüllen. Da fanden sie am Boden des Häfens eine lebendige Kröte. Die Bäuerin wurde hergeholt und gestand, das falsche Häfen erwischt zu haben.

Die Hexenbutter

Eine Bäuerin setzte ihrem Schwager, der auf Besuch war, eine Schüssel mit schöner, gelber Butter vor. Als der Mann hineinschnitt, kam stinkender Unrat zum Vorschein. Nun wusste er, dass die Butter zusammengehext war, und er rannte auf und davon. Die Bäuerin versteckte die Butter, doch die Sache kam auf. Die Bäuerin wurde als Hexe überführt und verbrannt.

Die Teufelsschmiere

Eine Hexe hatte vom Teufel eine Schmiere bekommen. Wenn sie damit den Zapfen der Buttermaschine einschmierte, konnte sie aus Wasser Butter machen. Das tat sie am Sonntag, wenn die anderen in die Kirche gingen. Dabei verhängte sie immer die Fenster. Einmal aber wurde sie bei ihrem Tun von ihrer Nachbarin beobachtet. Diese konnte auch das Versteck für die Schmiere entdecken. Es gelang ihr sogar, etwas von der Schmiere zu entwenden. In der Nacht versuchte nun die Nachbarin selbst, die billige Butter herzustellen. Zweimal war es ihr auch gelungen. In der dritten Nacht aber erschien der Teufel am Fenster und verlangte ihre Unterschrift. Mit Hilfe von Weihwasser konnte die Frau den Teufel vertreiben.

Die Hexe im Kornfeld

Ein Bauer sah, wie eine Hexe beim Korn gerade einen Durchschnitt machte. Es war nicht weit weg vom Haus, und er redete die Hexe an. Sie lief ihm nach, konnte ihn aber nicht mehr erreichen. Als er im Haus war, schleuderte ihm die Hexe ihre Sichel nach. Die Sichel durchschlug die Tür, aber zum Glück wurde niemand verletzt.

Die Hexen und der späte Heimkehrer

Ein Mann war spät am Abend auf dem Heimweg. Er war schon fast daheim, als fünf Hexen angetanzt kamen und ihn zerreißen wollten. Er hatte noch den Zipfel eines Weckens bei sich und hielt ihn den Hexen vor. So konnten sie ihm nichts mehr anhaben.

Die Hexe und der Soldat

Ein Soldat, der auf Urlaub heimkam, musste in der Nacht durch einen finsteren Wald gehen. Da wurde er von einer Hexe verfolgt. Schon fasste sie ihn am Mantel, doch gleich ließ sie ihn wieder los. Der Soldat trug ein Stück Brot bei sich, deshalb hatte die Hexe keine Macht über ihn.

Die Hexen und der Bauer

Einmal geriet ein Bauer ahnungslos in eine Versammlung von Hexen. Fast hätte er es mit seinem Leben gebüßt, wenn er nicht ein paar Brotbrösel in seinem Sack gehabt hätte.

Das Hexenbuch

Zwei Männer gingen nächtens über die Felder heim. Sie sahen eine Hexe beim Tausammeln und fragten sie nach ihrem Namen. Die Hexe sagte: „Wenn ihr eure Namen in dieses Buch schreibt, das ich bei mir habe, sage ich euch, wie ich heiße." Die Männer nahmen das Buch und schrieben heilige Namen hinein. Da konnte die Hexe das Buch nicht mehr verwenden und zerriss es.

Die Hexen und der Fleischerbursche

Ein Fleischerbursche betrat ein Hexenhaus, als gerade die alte und die junge Hexe beim Rauchfang hinausfuhren. Er nahm ein Fleischbrett und fuhr ihnen nach. In der Luft traf er sie bei einem Tisch mit Speis und Trank. Die alte Hexe wollte ihn töten. Deren Tochter aber hatte Mitleid mit dem Burschen und sagte: „Wir verzaubern ihn in einen Esel, dann kann er uns nicht mehr schaden." Gleich darauf stand der Bursch als Esel auf der Erde. Er kam zu einem Müller, wo er Säcke tragen musste. Er kannte alle Wege, und der Müller gab gut auf ihn Acht. An Sonntagen und Feiertagen sperrte ihn der Müller vorsorglich ein. Am Fronleichnamstag kam der Esel aus und lief in die Kirche. Er drängte sich nach vorne, wo gerade die Kommunion ausgeteilt wurde. Die Leute versuchten, ihn zu verjagen, doch gelang es dem Esel, mit der Zunge den Kelch zu berühren. Nun war der Hexenzauber gelöst. Der Esel wurde wieder in den Burschen verwandelt.

Die Hexenschmiere und der Flickschuster

Ein Mühlviertler Flickschuster arbeitete bei einer Bäuerin, die eine Hexe war. Einmal beobachtete er sie beim Butterrühren. Er stahl ihr heimlich eine Hexenschmiere und versuchte gleich daheim das Butterhexen. Er strich das Butterfass mit der Hexenschmiere ein und bekam einen schönen Striezel Butter. Da begann es draußen zu stürmen und zu wettern. Der Teufel erschien vor dem Fenster des Schusters und hielt ihm ein Buch entgegen. „Wenn du mit meiner Schmiere schmierst, musst du dich einschreiben", sagte der Teufel. Der Schuster bat ihn, sich noch ein Stück Brot abschneiden zu dürfen. Dabei schnitt er sich absichtlich in den Finger. Mit dem Blut schrieb er den Namen Jesu ins Buch hinein. Da konnte es der

Teufel nicht mehr nehmen, denn es zerfiel zu Asche.
Die Butter aber verwandelte sich in Dreck. Der
Teufel konnte erst aus dem Haus entweichen, als ihn
ein Geistlicher bannte.

Die Hexentochter

Die Tochter einer Hexe heiratete einen Weber und
wurde eine ehrsame Frau. Eines Tages stand ein Jäger
vor der Tür. Die Frau lief zu ihrem Mann und verlangte drei Zwanziger von ihm. Weil sie ihm aber
nicht sagen wollte, wofür sie das Geld brauchte,
bekam sie es nicht. Der Jäger aber ging lächelnd fort.
Kurze Zeit später starb die Frau, weil sie eine Hexe
war. Die drei Zwanziger wären ihre Rettung gewesen.

Der Hexenbanner

Einst kam ein Soldat daher, der sich aufs Hexen-
bannen verstand. Um einen Baum wickelte er eine
glühende Kette mit einer Zange. Von diesem Tag
an sah man keine Hexe mehr im Freien, denn man
hätte sie an den Brandmalen erkannt.

Zita Eder

Von der Hexenverfolgung zur Hexenforschung

Entwicklung der Hexenverfolgung

Feindbilder, die sich aus Vorurteilen entwickeln, mussten immer wieder als Vorwand herhalten für die vielfältigsten Formen von Gewalt gegen Menschen, wie sich in der Geschichte Europas feststellen lässt. Dies zeigt sich besonders in der Dämonisierung und Verfolgung zweier Gruppen: Frauen wurden als Hexen bezeichnet, und Juden galten als Feinde des christlichen Glaubens. Für die Gleichsetzung von Juden, Teufel und Hexerei gibt es über die Jahrhunderte zahlreiche Beispiele. Schon im Teufelsbild des Mittelalters zeigen sich jene abstoßenden Merkmale, die sich später in der antisemitischen Hetzpropaganda des Nationalsozialismus wiederfinden. Solche Arten von Massenwahn und seine vielfältigsten Auswüchse haben ihren Ursprung in existentiellen Bedrohungen und kollektiven Ängsten der Menschen.

Nicht zur Hexerei zählen zaubrische und alchemistischen Praktiken: Wahrsagerei, Geister- und Teufelsbeschwörungen und Schatzgräberei. Dabei bedurfte es keines Teufelspaktes bzw. nicht der Abschwörung des christlichen Glaubens. In den Geister- und Teufelsbeschwörern sah man vielmehr Beherrscher des Teufels. Die Hexe hingegen fungierte für den Teufel als Mittel zum Zweck.

Bei der Verfolgung von Hexen können drei große Wellen festgestellt werden: etwa zwischen 1570 und 1590, zwischen 1615 und 1630 und zwischen 1680 und 1730. Sie stehen in Zusammenhang mit politischen, gesellschaftlichen oder klimatologischen Veränderungen und Bedrohungen (Seuchen, Hungersnöte, Reformation, Dreißigjähriger Krieg, Bauernaufstände etc.).

Durch wachsende Spannungen in der Bevölkerung sah sich die staatliche und kirchliche Elite bedroht. Nach den Juden und verschiedenen sektiererischen Gruppen wurde nach neuen Schuldigen gesucht, nach „Sündenböcken" für die Bedrohung der christlichen Ordnung. Aberglauben wurde mit Lehrmeinungen von Theologen und Juristen vermischt. Volksbräuche, magische Rituale und Sprüche, Gegenzauber zur Abwendung von Schadenzauber wurden dämonisiert und als Verbrechen betrachtet. Die vermutete Hexerei wurde als „Hexensekte", eine neue Art der Ketzerei, gebrandmarkt und verfolgt. Den Hexen wurden alle möglichen schändlichen Delikte bis zum Kindsmord vorgeworfen (ähnlich den Vorwürfen jüdischer Ritualmorde).

Das Wort Ketzer leitet sich ab von der Bewegung der Katharer („die Reinen"), auch Albigenser, die wie die Waldenser im 12. Jahrhundert eine weitaus größere Gefahr für die Einheit des Christentums darstellten als ungläubige Heiden. Im Mittelalter wurde der Begriff Ketzer auch mit dem Teufelstier Katze (lat. cattus) verbunden. Die Dominikaner, als Inqisitoren der Katharer, wurden auch „Domini canes" (Hunde des Herrn) genannt. Wer die Lehren der katholischen

Kirche ablehnte, galt als Ketzer. Und Ketzer galten als „Sodomiter" oder „Luciferianer". Der Vorwurf des Lasters der widernatürlichen Unzucht bereitete dem Vorwurf der „Teufelsbuhlschaft" den Boden.

Die fünf klassischen Delikte der Hexerei – Teufelsbund oder Teufelspakt, Teufelsbuhlschaft, Hexenflug, Hexensabbat und Schadenzauber – werden in den theoretischen Schriften präzise dargestellt. Das Teufelsbild in der Theologie unterschied sich insofern von jenem im Volksglauben, dass die Vorstellung vom Teufel im Volksglauben eher verharmlosend war.

Grundlagen der Hexenverfolgung

Bereits im Alten (Ersten) Testament heißt es:

Eine Hexe sollst du nicht am Leben lassen.
(2 Moses/Ex 22, 17)

Die theoretischen Grundlagen für die Hexenverfolgung wurden von den Dämonologen der katholischen Kirche entwickelt. Neben der Kirche haben Justiz und Staat ihren Anteil an den Hexenverfolgungen, da die weltlichen Gerichte die Verfolgung und Verurteilung übernahmen.

Das kirchliche Tribunal der Inquisition sah seine Aufgabe darin, jede Form von Häresie (Irrlehre) aufzuspüren und auszurotten. Manche Theoretiker unterschieden auch zwischen „weißer" (guter) und „schwarzer" (böser) Magie, was aber für die Hexenjäger keine Bedeutung hatte. Diese verwiesen auf die Bibel als höchste Autorität sowie bedeutende christliche Denker wie Augustinus. Augustinus (354–430) schuf auch die Basis für die Vorstellung eines Paktes zwischen Menschen und Dämonen.

Eine mittelalterliche Quelle zum Teufelsglauben findet sich im Archiv des Merseburger Domstiftes. Es beherbergt nicht nur die berühmten „Merseburger Zaubersprüche" aus dem 10. Jahrhundert (mit altgermanischen Glaubenselementen), sondern auch das „Fränkische Taufgelöbnis" aus dem 9. Jahrhundert. Dieses enthält neben dem Bekenntnis des Täuflings zum allmächtigen und dreieinigen Gott auch eine Abschwörformel vom Teufel und seinen Werken.

Jahrhundertelang war der „Canon Episcopi" (Brief der Bischöfe), eine kirchliche Rechtsordnung aus dem frühen 10. Jahrhundert, das offizielle Dokument der katholischen Kirche für das Hexenwesen. Erstmals wurden darin Hexenflug und Tierverwandlungen als teuflische Vorspiegelungen bezeichnet.

Im 13. Jahrhundert legte der Theologe und Philosoph Thomas von Aquin mit seinen Schriften die theologische Basis für den Hexenwahn. Er definierte die wichtigsten Bereiche der Hexentheorie. Mit der Vorstellung vom weiblichen Buhlteufel „Succubus" (lat. unten liegen) und dem männlichen Buhlteufel „Incubus" (lat. oben liegen) wurde alles Geschlechtliche zunehmend als teuflisch und auch weiblich gebrandmarkt.

In der Folge kam es zur Ausformung des klassischen Hexenbegriffes und der Zuspitzung auf Frauen in Verbindung mit der Erbsündelehre und einer verbreiteten kirchlichen Frauen- und Sexualfeindlichkeit. Die Misogynie (Abwertung von Frauen), ein verbreitetes Angstphänomen in patriarchalen Gesellschaften, dürfte mit dem Geheimnis der Mutterschaft, als starke Verbindung der Frau mit der Natur, in Zusammenhang stehen. Besonders Hebammen waren deshalb oft Verdächtigungen ausgesetzt.

Den Hexen wurde neben Schadenzauber, Teufelspakt und Teufelsbuhlschaft auch Hexenflug und Versammlung der Hexensekte (Sabbat oder Synagoge) vorgeworfen, Letzteres in Anlehnung an die traditionellen Feindbilder Ketzer und Juden.

Hinzu kommt, dass mit dem Mittelalter ein Rückgang der Kenntnisse über Arzneipflanzen in der Literatur einsetzt. Wissen über Heil- und Giftpflanzen, über das die Bevölkerung weiterhin verfügte, besonders die „Kräuterweiber", wurde von Kirche und Wissenschaft auf Grund abergläubischer Phantasien als Hexerei verteufelt. Selbst Paracelsus (eigentlich: Theophrastus Bombastus von Hohenheim, 1493–1541) wurde von seinen Kollegen wegen seiner „Irrlehren" geächtet.

Im Jahre 1484 erließ Papst Innozenz VIII. die Bulle „Summis desiderantes affectibus" (Sich mit größter Sehnsucht wünschend), die„Hexenbulle". Die beiden Dominikaner Heinrich Kramer (lat. Institoris) und Jakob Sprenger wurden als Inquisitoren mit unumschränkter Gewalt eingesetzt, um Zauberei und Hexerei auszutilgen.

Kurz danach, als Kramers Versuch, einen großen Hexenprozess in Innsbruck einzuleiten, gescheitert war, veröffentlichte dieser 1486 den sogenannten Hexenhammer „Malleus Maleficarum". Es kann aus verschiedenen Gründen bezweifelt werden, dass Jakob Sprenger Mitautor des Werkes ist. Der Hexenhammer gehört zu den ersten gedruckten Dämonologien und zählt zu den frauenverachtendsten Büchern der gesamten Weltliteratur. Schon im Titel wird nur die weibliche Form der Schadenzauberei „maleficarum" verwendet, obwohl im Text auch häufig die männliche Form „malefici" aufscheint. Zentrale Aussage des Hexenhammers ist, dass tatsächlich Hexen die behaupteten Delikte verübten.

Im Hexenhammer wurden von Kramer systematisch alle möglichen Argumente zur Legitimation einer Menschenjagd zusammengetragen. Imaginäre Verbrechen, die die Angeklagten gestanden, ohne jegliche Verteidigungsmöglichkeit und unter Folter, seien mit dem Tod zu bestrafen. Der Hexenhammer sieht in jeder Form der Magie einen Abfall von Gott und daher die kirchliche Ketzereigesetzgebung, aber auch die weltlichen Gerichte für zuständig. Der Inhalt gliedert sich in drei Teile. In Teil I geht es hauptsächlich um die Definition des Verbrechens der Hexerei. Teil II enthält zwei Hauptfragen, erstens, wie man sich vor Hexerei schützen kann, und zweitens, wie man Verhexungen heilen oder beheben kann mit den zulässigen kirchlichen Mitteln. Gerade dieser Teil zielt auf die Frauen ab, die wegen ihrer angenommenen physischen und psychischen Defekte als besonders anfällig für die Versuchungen des Teufels gehalten wurden. In Teil III findet sich die rechtspraktische Umsetzung des „Hexenwahns". Kramer hielt die Hexerei für erblich wie die Erbsünde und plädierte daher für das rücksichtslose Ausrotten der Glaubensfeinde.

Im Jahre 1532 wurde die Peinliche Halsgerichtsordnung Kaiser Karls V., die „Constitutio Criminalis

Carolina" („Carolina"), als allgemeines Strafgesetzbuch für das Heilige Römische Reich eingeführt. Sie
stellte das alte Delikt des Schadenzaubers in den Vordergrund und war bis ins 18. Jahrhundert gültig.
Gemäß diesem Gesetzbuch war die Folter anzuwenden, um Geständnisse zu erpressen. Für Oberösterreich galten die Landgerichtsordnung (LGO)
Ferdinands I. („Ferdinandea") von 1559 und die LGO
Leopolds I. („Leopoldina") aus dem Jahr 1675.

In europäischen Ländern, in denen die Folter
nicht praktiziert wurde, wurden die verschiedensten
„Hexenproben", z. B. die „Wasserprobe" bzw. das
„Hexenbad", durchgeführt, um Hexen zu überfüh-
ren. Bei der „Wasserprobe" wurde die Verurteilte
mit gebundenen Händen und Füßen ins Wasser
geworfen.

Es gab aber auch Gegner der Hexenverfolgung.
Der deutsch-niederländische Arzt Johann Weyer
brachte 1563 in seinem Standardwerk „De Praestigiis
Daemonum" (dt. „Von Teufelsgespenst, Zauberern
und Gifftbereytern, Schwarzkünstlern, Hexen und
Unholden, darzu irer Straff, auch von den Bezauber-
ten und wie ihnen zuhelffen sey") eine Reihe von
medizinischen, juristischen und theologischen Argumenten vor, warum Menschen, die der Hexerei verdächtigt wurden, auch dann nicht hingerichtet
werden dürften, wenn sie ihre Schuld eingestanden
haben. Nur durch einflussreiche Fürsprache entging
Weyer als „Hexenfreund" dem Feuertod. Was von
ihm als Melancholie bezeichnet wurde, wurde die
Grundlage für die psychologische Theorie der Unzu-
rechnungsfähigkeit in der Rechtssprechung.

Der deutsche Jesuitenpriester und Jurist Friedrich Spee von Langenfeld trat vehement gegen die Hexenverfolgungen auf. 1631 veröffentlichte er sein Werk „Cautio Criminalis" (dt. „Gewissens-Buch von Prozessen gegen die Hexen"), zunächst anonym. Um zu verhindern, dass sich seine Ansichten in der Öffentlichkeit verbreiteten, soll er von seinen Vorgesetzten als Beichtvater zu den Pestkranken geschickt worden sein.

Der deutsche Rechtsgelehrte und Philosoph Christian Thomasius wiederum war anfänglich ein Befürworter der Hexenverfolgung und wurde schließlich zum Kritiker der Hexenjagd. In seinem im Jahre 1701 erschienenen Werk „Theses inaugurales de crimine magiae" (dt. „Kurtze Lehrsätze von dem Laster der Zauberey") wandte er sich sowohl gegen den Vorwurf des Teufelspaktes als auch gegen die Verfahren insgesamt.

Schließlich wurde im Jahre 1768 von Maria Theresia die „Constitutio Criminalis Theresiana" („Theresiana") in Kraft gesetzt. Zauberei und Folter waren darin noch enthalten, aber in deutlich abgemilderter Form zu ahnden.

Das 1787 erlassene Strafgesetzbuch von Joseph II., dem Sohn Maria Theresias, „Über Verbrechen und derselben Bestrafung" („Josephina"), war das erste Strafgesetzbuch im Sinne der Aufklärung. Hexerei und Zauberei kamen darin nicht mehr vor. Auch die Todesstrafe wurde abgeschafft. Die Fortschritte im philosophischen und naturwissenschaftlichen Denken führten letztlich dazu, dass den Spekulationen über Hexen und Zauberer und somit auch den Hexenprozessen der Boden entzogen wurde.

Hexenforschung

Die Verfolgung von Hexen und Zauberern gehört zu den dunklen Kapiteln der europäischen Geschichte. Namhafte Persönlichkeiten widmeten sich im Laufe der Zeit der Erforschung der Verfolgungen. Nach mehrfach übereinstimmenden Schätzungen kann die Opferbilanz für Europa mit zwischen 50.000 und 100.000 hingerichteten Männern und Frauen angenommen werden.

Für das heutige Österreich können etwa 1000 Todesurteile quellenmäßig belegt werden; die Dunkelziffer wird noch einmal so hoch angesetzt. Im übrigen Europa waren es zum Teil weitaus mehr. Zwischen den einzelnen Bundesländern gibt es signifikante Unterschiede: Am häufigsten war die Landbevölkerung betroffen, in Vorarlberg, Tirol und im Burgenland doppelt so viele Frauen wie Männer, in Oberösterreich, Niederösterreich, Wien, der Steiermark, Kärnten und Salzburg wurden mehr Männer als Frauen verurteilt. In Oberösterreich sind über fünfzig Hinrichtungen wegen Hexerei bekannt. Der „Wagenlehnerprozess" war der drittgrößte Prozess in Oberösterreich und der letzte im Mühlviertel.

Im Mühlviertel, so stellt Ernst Kollros fest, forderte die Hexenverfolgung mindestens 34 Todesopfer (20 Frauen, 14 Männer). Anders als im übrigen Oberösterreich waren es hier mehr Frauen als Männer. Mehr als die Hälfte der Opfer der Hexenprozesse in Oberösterreich entfielen auf das Untere Mühlviertel, und zwar auf die Herrschaftsgebiete Greinburg, Reichenstein, Prandegg, Schwertberg, Ruttenstein und

Weinberg. Hier kam es auch zu umfangreichen Prozessen, wobei die Gutachten und Urteile von Linzer Juristen stammten. In der kargen Gegend des Unteren Mühlviertels lebten die Menschen von Viehwirtschaft und Ackerbau. Die Angst vor Unwettern, Missernten und Tierkrankheiten gehörte zum Alltag. Dazu kamen abergläubische Vorstellungen und Neidgefühle, was schließlich zu Verdächtigungen, Denunziationen und in weiterer Folge zu Verurteilungen und Hinrichtungen führte.

Die Beschäftigung mit der Thematik der Hexenprozesse erfolgte einerseits aus Interesse an der Strafjustiz, aber auch aus Interesse an den abergläubischen Verirrungen jener Zeit. Beispiele für Hexenforschung in Oberösterreich und Österreich:

„Das Antike (Alterthümliche) bleibt immer ehrwürdig, – Rococo (das Veraltete) wird lächerlich", schrieb der Gelehrte und Begründer des Oberösterreichischen Landesmuseums, Anton Ritter von Spaun, in einem Aufsatz mit dem Titel „Rococo-Justiz", den er 1841 im „Museal-Blatt" publizierte. Und Spaun bemerkte weiter: „… Die Verkehrtheiten des 17. und 18. Jahrhunderts und das plötzlich hereingebrochene Licht der Aufklärung haben diesen Begriff erzeugt …" Spaun bezieht sich in seinen Ausführungen besonders auf den Hexenprozess gegen die Familie Grillenberger. Den Originalakt hatte er zwanzig Jahre zuvor im Schloss Zellhof eingesehen. Dem Prozessakt lagen auch Rechtsgutachten von angesehenen Advokaten, auch aus Linz, bei, die hinsichtlich der Zweckmäßigkeit des Verfahrens keine Bedenken erkennen ließen.

Pfarrer Josef Mayr beschäftigte sich im Rahmen seiner heimatkundlichen Tätigkeit mit dem „Hexenprozess Grillenberger". Er stammte aus Buchkirchen bei Wels und war von 1894 bis 1908 Pfarrer in Hagenberg. Sein Anliegen war, Quellen der Heimatgeschichte für die Menschen zugänglich zu machen und sie dadurch vor dem Vergessen zu bewahren. Seine Abschriften aus dem Originalakt stammen aus dem Jahr 1895 und befinden sich im Oberösterreichischen Landesarchiv und auf dem Gemeindeamt Bad Zell.

Der Linzer Rechtswissenschafter, Historiker, Politiker und Gründer des Oberösterreichischen Landesarchivs, Julius Strnadt, ein gebürtiger Schwertberger, legte in einem 1909 erschienenen Beitrag sein Augenmerk auf die Entwicklung von Gerichtsverfassung und Verfahrensrecht. Von Strnadt stammt auch eine auszugsweise Transkription der „Grillenberger-Akten".

Von Adalbert Depiny, dem Herausgeber der „Heimatgaue", wurden zur Untersuchung der Darstellung von Hexen und Teufeln besonders Sagen und Märchen als Quellen herangezogen, die er 1932 in seinem „Oberösterreichischen Sagenbuch" publizierte.

Der Grazer Rechtsanwalt und Rechtshistoriker Fritz Byloff verfasste 1934 einen Überblick über die österreichischen Hexenprozesse.

Weitere Forschungsarbeiten stammen beispielsweise vom Direktor des Steiermärkischen Landesarchivs und gebürtigen Rohrbacher Ignaz Nößlböck, vom Zeller Kaplan Lambert Stelzmüller, vom Linzer Magistratsbeamten August Zöhrer, vom Leiter der

Linzer Studienbibliothek Franz Wilflingseder oder von den Linzer Gymnasiallehrern Hans Commenda und Max Neweklowsky.

1987 stand das Hexenthema, zum Gedenken an das Erscheinen des Hexenhammers, im Interesse einer breiten Öffentlichkeit. Tagungen und Ausstellungen fanden statt, darunter die Steiermärkische Landesausstellung „Hexen und Zauberer" auf der Riegersburg.

Der pensionierte Eisenbahningenieur Franz Huber (1926–2000) aus Aschbach in Niederösterreich erstellte in den Jahren 1990 und 1992 Transkriptionen der Originalakten zum „Hexenprozess Grillenberger" aus den Schlossarchiven Greinburg und Schwertberg. Diese gebundenen Transkripte können im Oberösterreichischen Landesarchiv und auf dem Gemeindeamt Bad Zell eingesehen werden.

In neuerer Zeit erforschte der Linzer Rechtswissenschafter Ernst Kollros die Mühlviertler Hexen- und Zaubereiprozesse.

Einen besonderen Stellenwert zum Themenkomplex „Hexenprozesse" nimmt auch die jahrzehntelange Forschungstätigkeit auf universitärer Ebene ein, für die besonders Ursula Floßmann von der Universität Linz und Heide Dienst von der Universität Wien zu nennen sind.

Exkurs: Zur Todesstrafe in Österreich

Nachdem die Todesstrafe von Joseph II. abgeschafft worden war, wurde sie 1795 wieder eingeführt. Der öffentliche Vollzug der Todesstrafe wurde 1873 abgeschafft. 1919, ein Jahr nach dem Ersten Weltkrieg, beschloss die Konstituierende Nationalversammlung das Ende der Todesstrafe. 1934 wurde sie im autoritären Österreich erneut eingeführt. Nach dem Einmarsch Hitlers in Österreich im Jahre 1938 standen Verhaftungen, Todesurteile und Morde im NS-Staat an der Tagesordnung. Neben den Strafgerichten gab es den Volksgerichtshof und Sondergerichte. In den Konzentrationslagern, Gestapo-Gefängnissen, Zuchthäusern und anderen Einrichtungen wurde eine unfassbare Anzahl von Menschen auf legale und illegale Weise ermordet.

Nach dem Zweiten Weltkrieg wurde 1945 die Todesstrafe in Österreich per Gesetz neuerlich für zulässig erklärt. Die Befristung wurde bis 1950 zweimal verlängert. Erst im Jahre 1968 (!) kam es zur endgültigen Abschaffung der Todesstrafe in Österreich.

Zita Eder

HISTORISCHER KONTEXT UND DOKUMENTE ZUM WAGENLEHNERPROZESS

Herrschaft und Landgericht

Die Grundherrschaften der damaligen Zeit umfassten kaum territorial geschlossene Gebiete. Einzelne Höfe und Hofstätten gehörten oft zu verschiedenen Herrschaften. Durch Teilungen wurden Bauerngüter häufig aufgesplittert. Nur ein Vollbauer konnte vom Ertrag seines Grunds und Bodens leben. Als eine Stufe tiefer galt der Hofstätter, der zwar einen Hof besaß, aber zu wenig Land, das er bewirtschaften konnte. So betrieb er ein Gewerbe oder ein Wirtshaus oder suchte sich als Lohnarbeiter sein Auskommen. Von den Bauern mussten Geld- und Naturalabgaben an die Herrschaft geleistet werden. Und auch die Pfarrherren verlangten von den Gläubigen oft ein Vielfaches der festgesetzten Stolgebühren.

Im 13. Jahrhundert entstanden im Unteren Mühlviertel zwei große landesfürstliche Gerichte: das Landgericht Machland (östlich der Aist bis zum Sarmingbach) und das Landgericht Riedmark (westlich der Aist bis zum Haselgraben). Nach und nach gelang es einigen Grundherrschaften, ein eigenes Gerichtsterritorium zu erlangen, wie das Marktgericht Zell oder die Landgerichte Windhaag, Ruttenstein, Reichenstein, Prandegg und Windegg/Schwertberg. Mit Landgericht wurde sowohl das Niedere und Hohe Gerichtsbarkeit ausübende Gericht selbst, als auch

das Gebiet bezeichnet, für das dieses Gericht zuständig war. Aus der Durchführung der Prozesse erwuch-
sen dem Landgerichtsherrn keine geringen Kosten.
Administrator der Herrschaft war der Pfleger. Ihm
oblag die Buchführung über diese Ausgaben.

*Landgerichtskarte mit den Landgerichten Prandegg-Zellhof,
Ruttenstein und Schwertberg*

Das Bannrichteramt in Oberösterreich war 1559 von Ferdinand I. eingeführt worden. Dadurch sollte die Einhaltung der Gerichtsordnung überwacht und Fehlurteile vermieden werden. Der kaiserliche Bannrichter stellte Honorare für die Führung der Verhöre und das Fällen der Urteile in Rechnung. Auch der „Freimann" wurde von den Landgerichtsinhabern entlohnt, die Kostenabrechnungen des Scharfrichters Sinhöringer etwa waren beachtlich (siehe weiter unten in diesem Kapitel, S. 149). Mehr als die Hälfte der Prozesskosten entfielen auf Bannrichter und Henker. Etwa ein Viertel machten die Ausgaben für Essen und Trinken der Richter, Geistlichen und Beisitzer aus. Die Verpflegung der Gefangenen belief sich nicht einmal auf ein Zehntel der Gesamtkosten.

Durch die Landgerichtsordnung von 1675 wurde die Zusammensetzung des Gerichts geregelt. Es bestand demnach aus dem Landgerichtsherrn oder dem Bannrichter, dem Pfleger oder Verwalter der Landgerichtsherrschaft und zwei Beisitzern.

Exkurs: Das Marktgericht Zell

Der Markt Zell verfügte sowohl über die Niedere Gerichtsbarkeit als auch den Blutbann. Richtstätte war der sogenannte Galgenbühel, im Volksmund noch heute Galgenbichl genannt. Bereits im Regensburger Lehenskodex von 1391 wird der Galgenbühel erwähnt.

Als Hilleprant Jörger 1536 zu Prandegg den Markt Zell samt allem Zubehör und allen Gerechtigkeiten von Regensburg kaufte, bedeutete dies den

Anfang vom Niedergang der Blutsgerichtsbarkeit des Marktes Zell. Bis 1591 gehörte das Gebiet der Pfarre Zell – mit Ausnahme des Marktgerichts – zum Landgericht Machland bzw. zu dem im Jahre 1495 geschaffenen Landgericht Ruttenstein.

Im Jahre 1591 kaufte Hans Adam Jörger von der Herrschaft Ruttenstein die Landgerichtshoheit über die Pfarre Zell und errichtete das neue Landgericht Prandegg. In der Folge kam es zu längeren Streitigkeiten zwischen dem Markt Zell und den Jörgern um die Marktgerichtsbarkeit. Der Prozess endete 1625 mit einem Vergleich, der die Position des Marktes Zell nachhaltig schwächte und schließlich im Verlust der Blutgerichtsbarkeit mündete. Ein interessantes Detail aus jener Zeit sei erwähnt: Das Grundstück rund um den Galgenbühel konnte der Grundanrainer Steininger als Viehweide nutzen, im Gegenzug musste er aber das Holz für den Galgen samt Leiter bereitstellen.

Die Landgerichte Ruttenstein, Prandegg-Zellhof und Schwertberg

An diesen drei Landgerichten wurde über die verschiedenen Personen im Wagenlehnerprozess gerichtet. Die Tortur der Beschuldigten war besonders bei den Hexenprozessen grausam. Auch bei kleinen Landgerichten wie Ruttenstein oder Prandegg waren „Daumstock" oder auch „Spanische Stiefel" im Gebrauch. Mit diesen Folterwerkzeugen presste man Finger oder Beine zusammen, bis Blut floss. Auf der „Streckbank" wurden die Körper der Beschuldigten bis zur Unerträglichkeit gedehnt. Daneben waren Schläge mit Ruten und Stöcken an der Tagesordnung.

Das Landgericht Ruttenstein

Herrschaft und Landgericht Ruttenstein erhielten ihre Namen nach der Burg Ruttenstein. Das Landgericht Ruttenstein setzte sich aus den Ämtern Weißenbach, Königswiesen und Pierbach (später Amt Schönau) zusammen. Sibilla Wenigwiser, Enkelin der Wagenlehnerin, und Regina Körner, Tochter der Wagenlehnerin, wurden vom Ruttensteiner Pfleger Carl Joseph Höger verhaftet, verhört und zum Tode verurteilt.

Das Landgericht Prandegg-Zellhof

Da sich die evangelischen Jörger weigerten, katholisch zu werden, verkauften sie 1631 ihre Besitzungen in der Zeller Gegend an Gotthard von Scherffenberg. 1636 ehelichte dessen Witwe Hans Reichard von Starhemberg, der, wie sein Vorgänger, Schloss Zellhof als Wohnsitz wählte. Auch den Wohnsitz des Pflegers von Prandegg verlegte er nach Zellhof. Die Herrschaft Prandegg wurde schließlich als Herrschaft Zellhof bezeichnet. Das Landgericht hieß weiterhin Prandegg, wurde nun aber oft Landgericht Prandegg-Zellhof oder auch Landgericht Zellhof genannt. Bereits 1642 verkaufte Starhemberg seinen Besitz an die Herrschaftsfamilie Salburg, die den Besitz weiter vergrößerte.

Zur Zeit des Wagenlehnerprozesses amtierte Johann Ignaz Preininger als Pfleger in Zellhof. Die Wagenlehnerin sowie ihre Kinder Magdalena, Maria und Simon wurden in Zellhof verurteilt. Ihre beiden Söhne Jakob und Matthias starben während der Kerkerhaft in Zellhof.

Als Hinrichtungsort wird in den Akten die „gewöhnliche Richtstatt" angeführt. Stelzmüller nennt im Heimatbuch des Marktes Zell bei Zellhof aus dem Jahre 1930 den Richtplatz „in der Nähe des Geroltslehnergutes" in Zellhof. In seinem Aufsatz „Das Marktgericht in Zell bei Zellhof" in einer Ausgabe der „Heimatgaue" von 1926 beschreibt Stelzmüller den damaligen Bedeutungsverlust des Marktgerichts Zell.

Das Landgericht Schwertberg

1591 kaufte Freiherr Hans von Tschernembl die Landgerichtliche Hoheit, Freiheit und Gerechtigkeit vom Landgericht Greinburg. Am 9. September 1730 sandte der Zellhofer Pfleger Preininger ein Schreiben an den Schwertberger Pfleger Johann Georg Kranawitter und forderte diesen auf, Johann Grillenberger, den Sohn der Wagenlehnerin, zu verhaften. Johann Grillenberger war beim Lenzen in Dirnberg, Pfarre Tragwein, bedienstet. Das Dirnbergergut gehörte zwar zum Landgericht Schwertberg, aber zur Herrschaft Riedegg. Der Schwertberger Pfleger hatte somit erst die Zustimmung des Riedegger Pflegers Georg Nicolaus Holdt einzuholen. Nach dessen Zustimmung wurde Johann Grillenberger in Riedegg inhaftiert und nach wenigen Tagen nach Schwertberg überstellt, wo der Prozess seinen Lauf nahm.

Der Beruf des Scharfrichters

Den Beruf des Scharfrichters gab es bereits ab dem 13. Jahrhundert. Er galt als „unehrliches" Gewerbe und wurde innerhalb der Familie weitervererbt. Kindern von Henkern waren andere Berufe verwehrt. Die Familien lebten abseits der Gesellschaft und konnten nur untereinander heiraten. Die Berufstätigkeit konnte nur bei Krankheit oder Tod beendet werden. Es soll auch Henkerinnen gegeben haben.

Weitere Berufsbezeichnungen waren neben Henker auch Nachrichter, Züchtiger, Schinder oder „Richter mit dem scharfen Schwert". Es gab auch verharmlosende Bezeichnungen, wie Angstmann, Auweh, Blutvogt, Dallinger, Dollmann, Feinlein, Freimann, Meister Hämmerling, Knüpfauf, Kurzab oder Weiser Mann.

Der Scharfrichter war nicht an das Fünfte Gebot gebunden (frei davon – Freimann?). Aber er war geächtet, zumindest am helllichten Tag. Mancherorts wurde dem Scharfrichter sogar vorgeschrieben, auffallende Kleidung zu tragen. Ein Gasthaus durfte er nur mit dem Einverständnis der anderen Gäste besuchen. Er hatte einen eigenen Platz und einen eigenen Krug. Man vermied jede Berührung mit ihm aus Angst, dadurch ebenso „unehrlich" zu werden.

Der Lohn des Henkers war das „Blutgeld". Die Entlohnung erfolgte auch in Form von Naturalien. Sein Werkzeug musste er selbst bereitstellen. Die Arbeit des Henkers war aber eine gut bezahlte Tätigkeit, und es sind sogar Klagen über das luxuriöse Leben der „Henkersweiber" belegt. Im Schutze der

Dunkelheit wurden Henker immer wieder von den Menschen aufgesucht, galten sie doch auch als eine Art Magier. Sie besserten ihren Lebensunterhalt durch diverse Nebeneinnahmen auf, indem sie Talismane mit Stückchen der Stricke von Selbstmördern oder Hingerichteten verkauften. Besondere Heilkraft wurde dem Blut von Enthaupteten zugeschrieben. So wurde ein reger Handel mit den blutgetränkten Tüchern betrieben. Da der Körper des Hingerichteten ebenfalls in den Besitz des Henkers überging, wurde auch mit Körperteilen von Hingerichteten oder dem vom Henker selbst hergestellten Arme-Sünder-Fett gehandelt. Leichenteile wurden in getrockneter oder pulverisierter Form in der Volksmedizin verwendet.

Die Körper von hingerichteten Menschen durften nach kirchlichem Gesetz nicht in geweihter Erde auf dem Friedhof begraben werden. In manchen Fällen mussten die Leichen sogar bis zur Verwesung auf der Hinrichtungsstätte verbleiben und durften erst danach abgenommen und begraben werden. Meist wurden sie gleich an Ort und Stelle begraben. Oft finden sich Tierknochen neben den menschlichen Überresten, denn Scharfrichter arbeiteten auch als Abdecker (Tierkörperverwerter) oder Häuter. Dieser Beruf galt ebenso als „unehrlich".

Daher wurden Scharfrichter auch als Sachverständige beim plötzlichen Tod eines Nutzviehs herangezogen, sowie für die Auffindung von Hexenmalen. Die Entfernung der Körperhaare, wie es bei den Prozessen üblich war, lag ebenfalls im Aufgabenbereich des Scharfrichters.

Die Todesstrafe wurde verhängt für: (Kinds-) Mord, Totschlag, Diebstahl, Unterschlagung, Fälschung, Betrug, Raub, Notzucht, Blutschande, Bigamie, Ehebruch, Brandstiftung, Gotteslästerung, Ketzerei, Hexerei und Staatsverbrechen.

Hinrichtungen waren für die Menschen des Mittelalters und auch noch danach ein öffentliches Ereignis und Abwechslung zum Alltag. Bis zur ersten Hälfte des 15. Jahrhunderts durften die Henker sogar von den Zuschauern Geld einheben. Wenn einem Henker die Enthauptung nicht gleich beim ersten Schlag gelang, verteidigte er seine „Berufsehre" gegen Angriffe, auch tätlicher Art, indem er sich darauf ausredete, dass seine Hände durch Kälte erstarrt gewesen seien, dass das Schwert eine Scharte habe oder dass Zauberei oder der Teufel selbst schuld daran seien.

Eine bekannte Scharfrichterfamilie in Oberösterreich war die Familie Sinhöringer (auch Sindhöringer, Sünhöringer, Sündthöringer), aus der auch der Henker der Wagenlehnerfamilie stammte. Zwei Richtschwerter des Georg Sinhöringer aus der Zeit um 1695 befinden sich in den Sammlungen des Oberösterreichischen Landesmuseums. Ein Schwert zeigt verschiedene Bildnisse und Inschriften, z. B. Darstellungen von Hinrichtungen oder verschiedenen Heiligen. Eine Inschrift verweist auch auf den Besitzer:

Georg Sinhöringer bin ich genant
Das Schwerdt führ ich in meiner Handt
Zu der Justitia ich es Gebrauch
Davor sich ein jeder Soll hüeten auch.

Das zweite Richtschwert zeigt auf der Vorderseite eine kniende Frau und ihre Hinrichtung mit einem Schwerthieb sowie die gravierte Inschrift:

Geörg Sündt/Ober/einnserischer Freymann

Auf der Rückseite ist ein Galgenbaum mit einem Gehenkten zu sehen und die gravierte Inschrift:

Georg Sündt/horinger/obereinnseris/cher Freymann

Mit dem Richtschwert wurden die Verurteilten vor der Verbrennung auf dem Scheiterhaufen „gnaden-halber" enthauptet, so auch die Wagenlehnerin, ihre Kinder und ihre Enkelin. Georg Sinhöringer war bis 1719 als Scharfrichter tätig, sein Sohn Bonifaz Sinhöringer bis 1743.

Beim Prozess des Johann Grillenberger in Schwert-berg verrechnete Bonifaz Sinhöringer folgende Gebüh-ren:

Hinrichten mit dem Schwert: 6 Gulden
Den Körper am Scheiterhaufen verbrennen: 8 Gulden
Viertägiges Rüst- und Zehrungsgeld (à 3 Gulden): 12 Gulden
Binden bei der öffentlichen Schranne: 1 Gulden

Der Ablauf eines Hexenprozesses

Es muss vorausgeschickt werden, dass der Vorwurf der Hexerei häufig rein als Machtinstrument gegen missliebige Mitmenschen eingesetzt wurde und dass die Untertanen in solchen Fällen das Einschreiten der Obrigkeit erwarteten. Hexerei wurde als Sonderverbrechen gesehen, wie Verschwörung, Majestätsbeleidigung oder Raubmord. Diese schweren Verfehlungen gegen Staat und Gesellschaft wurden mit dem Tod bestraft, Hexerei mit dem Feuertod auf dem Scheiterhaufen.

Am Anfang standen meist Gerüchte, Verdächtigungen, Anzeige oder Denunziation. Bei Verdachtsmomenten wurde das Gericht aktiv und leitete ein Verfahren ein. Mit der Verhaftung und Einkerkerung begann der Leidensweg für die Verdächtigten. Sie wurden zu Hause verhaftet, wobei auch nach verdächtigen Gegenständen wie Salben, Heilmitteln, Spruchzetteln oder auch Hostien gesucht wurde, die dann als Beweismittel beschlagnahmt wurden. Den Hexen wurde besonders die Schändung von Hostien vorgeworfen. Es herrschte der Glaube, dass Christus, der in der Hostie gegenwärtig ist, durch das Durchstechen der Hostie mit Nadeln oder Nägeln wie ein Mensch gefoltert und verletzt werden kann. Als Beweismittel dienten „blutende" Hostien. Heute weiß man, dass die rote Verfärbung durch Mikroorganismen hervorgerufen wird.

Nach der Verhaftung wurden die Verdächtigten am zuständigen Gericht eingekerkert. Die Kerker waren Orte des Grauens – dunkle, kalte, feuchte Verliese voller Ungeziefer, wo die Gefangenen angekettet, bei erbärmlicher Kost und der Willkür der Gefängnisschergen ausgesetzt, für lange Zeit schmachteten. Die Haftbedingungen zielten darauf ab, die Gefangenen zu zermürben und sie für Geständnisse bereit zu machen. Die Verhafteten galten schon von vornherein als schuldig. Das Verfahren diente lediglich dazu, die Beweise für die Schuldhaftigkeit vorzulegen und die Strafe festzuschreiben.

Sofern die Gefangenen den Kerker überlebten, begannen nach der Anklageerhebung die Verhöre, zu Beginn die „gütliche" Befragung, bei der aber schon alle Methoden erlaubt waren. Vor der Befragung wurden die Verdächtigten auf entwürdigende Weise auf Hexenmale hin untersucht. Die Körperhaare wurden entfernt und mittels Nadelstichen die Schmerzempfindlichkeit der verdächtigen Hexenmale getestet. Die Kommission war darauf bedacht, sich mit religiösen Abwehrmitteln wie Weihwasser etc. gegen bösen Zauber zu schützen. Die Fragen waren vorgegebene Suggestivfragen und teilten sich in General- und Spezialfragen. Die Gleichförmigkeit der Fragen zeigt sich in den Protokollen und Urteilen. Eine individuelle Behandlung oder gar eine Verteidigung waren nicht vorgesehen. Zeugen und Sachverständige wurden aber beigezogen. Verschiedene Anklagekategorien, wie es in normalen Kriminalprozessen üblich ist, gab es bei Sonderverbrechen wie der Hexerei nicht. Die Verhöre zielten darauf ab, möglichst viele Mitbeteiligte zu erfragen. Der religiöse Hintergrund war der Kampf gegen den „bösen Feind" und die Ausrottung der „Hexensekte".

Die „peinliche" Befragung konnte bis zu fünf Stufen umfassen. Die mildeste Stufe war die Territion (Schreckung), bei der dem Opfer vom Scharfrichter die Folterwerkzeuge gezeigt wurden. Bei Nichtgestehen folgte auf die Territion die Tortur (Folter), für die es regional unterschiedliche Methoden gab. Aus

Schmerzäußerungen, Tränen oder fehlenden Tränen wurden Zusatzbeweise abgeleitet. Wie man sich den Vorgang der Hexerei vorstellte, wird aus den zeitgenössischen Schilderungen und den Aussagen der Angeklagten deutlich.

Nach der Hexentheorie beginnt das Teufelswerk mit der Versuchung durch den Bösen. Er tritt in verschiedenen Gestalten auf und versucht, die betreffende Person durch allerlei Versprechen für sich zu gewinnen. Ist die Person bereit, dem christlichen Glauben abzuschwören, kommt es zum Teufelspakt. Dieser kann in einer feierlichen Zeremonie erfolgen, zum Beispiel beim Hexensabbat. Das Gericht legte großen Wert auf die Nennung von Komplizinnen und Komplizen beim Hexensabbat.

Auf dem Hexenflug gelangt die Hexe zu den Hexensabbaten. Dabei verlässt sie das Haus durch den Rauchfang oder andere Öffnungen. Tierverwandlungen, durch welche die Hexe schneller zum Hexensabbat gelangen kann, spielen beim Hexenflug eine Rolle. Als Mittel zur Fortbewegung dienen Gegenstände (Besen, Gabeln, Töpfe etc.), Tiere (Bock, Hund, Schwein etc.) oder der persönlich zugeteilte Teufel. Auch Hexensalben werden dabei benutzt, die auf bestimmte Körperstellen (Achseln, Genitalien, Handflächen, Fußsohlen, Rücken etc.) aufgetragen werden. Die Ausfahrt beginnt mit einem Zauberspruch. Während des Fluges stellte man sich die Hexe meist barfuß und nackt, mit offenen Haaren, vor. Um ihren Ehemann zu täuschen, legt die Hexe Heu oder einen Besen in ihr Bett. Und selbst wenn der Ehemann beim Prozess ihre Anwesenheit bezeugt, wird der beschuldigten Frau vorgeworfen, beim Hexensabbat geistig dabei gewesen zu sein.

Zum Hexensabbat treffen sich die Hexen an bestimmten Tagen, wie Donnerstag, in der Johannisoder der Walpurgisnacht sowie an hohen kirchlichen Festtagen (Weihnachten, Ostern, Pfingsten). Der Ablauf der Hexenversammlung entspricht einer Umkehrung von kirchlichen Ritualen. Die geschilderten Praktiken der Unterwerfung sind hingegen durchaus als unverzerrtes Abbild der realen sozialen Stellung von Frauen zu sehen. Der Hexensabbat beginnt meist um Mitternacht und dauert bis in die frühen Morgenstunden. Das Fest wird mit der Begrüßung und Huldigung des Teufels mit dem „Afterkuss" eröffnet. Dabei mussten die Gefolgsleute des Teufels dessen Hinterteil mit dem Mund berühren. Wird jemand neu in die Hexensippe aufgenommen, entnimmt der Teufel der Person zur Unterzeichnung des Vertrags einige Blutstropfen. Anschließend kennzeichnet er sie mit einem Teufelsmal. Nach der Verleugnung des christlichen Glaubens und der Taufe wird die Person umgetauft und erhält einen anderen Namen. Dabei wird ihr auch ein persönlicher Dämon oder böser Geist zugeteilt. Dann wird gefeiert.

Bei der Festgesellschaft sitzen die „guten" Hexen bei Tisch, die „schlechten" Hexen müssen die anderen bedienen. Speisen und Getränke hat man bei Bauern und Wirten geraubt, Brot und Salz sind verboten. Es wird musiziert und getanzt, und der Teufel sucht sich eine Lieblingsbraut aus. Dazwischen werden dem Teufel die von den Hexen in den Kirchen entwendeten Hostien vorgeworfen. Das orgiastische Treiben mündet schließlich in der geschlechtlichen Vereinigung der Anwesenden untereinander. Mit der Teufelsbuhlschaft wird der Teufelspakt, oft auch mit Geschenken für die Hexe, besiegelt.

Jede Hexe hat dem Teufel auch über ihre Taten zu berichten, für die sie gelobt oder gerügt wird. Zudem werden geplante Hexereien besprochen. Der Schadenzauber zielt auf die Schädigung von Mensch und Tier ab, was auf verschiedene Weise erfolgen kann: durch Unwetter, Seuchen, Ungeziefer, Diebstahl von Milch oder Butter, Zerstörung von Ehen, Unfruchtbarkeit durch Potenzraub, Tierverwandlung. Und der Teufel verlangt auch, ihm neue Leute zuzubringen, vor allem die Kinder der Hexen.

In den Hexenprozessen spielten vermutete Besuche des Teufels im Kerker eine wichtige Rolle. Dabei versuche der Teufel die Inhaftierten zu überreden, nichts zu bekennen, um die Gemeinschaft der Hexen zu schützen. Oder er verlange den Selbstmord, damit der Beschuldigte mit einer Todsünde aus dem Leben scheide. Der Selbstmord im Kerker wurde vom Gericht als physischer Fluchtversuch, als Schuldbekenntnis und Werk des Teufels gewertet. Nachdem sich das Gericht durch wiederholte Vernehmungen ein Bild vom Ausmaß der Schuld der gequälten Angeklagten gemacht hatte, kam es am Ende der Qualen zumeist zum Geständnis der Angeklagten. Das eigene, „freiwillige" und daher glaubwürdige Geständnis – die Urgicht – war Grundlage des Urteils. Während des gesamten Prozesses wurde vom Gerichtsschreiber Protokoll geführt. Von den Richtern konnten Kollegen konsultiert und zur Urteilsfindung mussten noch übergeordnete Instanzen befragt werden. Es war dabei üblich, dass sich Richter und Beisitzer in den Vernehmungspausen und nach Abschluss des Verfahrens trefflich mit Speis und Trank labten, natürlich auf Kosten der Opfer.

Am Hinrichtungstag konnten die Verurteilten noch beichten. Danach wurden sie zur Richtstätte geführt. Die öffentliche Hinrichtung, bei Hexen durch den Feuertod am Scheiterhaufen, sollte als mahnende Abschreckung dienen. Bevor der Scharfrichter die Hinrichtung vollstreckte, wurde fallweise noch einmal gefoltert, z. B. durch Zwicken mit glühenden Zangen. Das Verbrennen hatte eine mehrfache Symbolik: die Reinigung der Verurteilten von ihren Verbrechen, die Reinigung der Gesellschaft von Verbrechern und die Verhinderung der „leiblichen Auferstehung". Strafmilderungen waren das Erdrosseln oder Enthaupten vor dem Verbrennen oder das Umhängen von Pulversäckchen zur Beschleunigung der Verbrennung. Danach wurden die Asche und alle anderen Überreste gesammelt und unter dem Galgen vergraben. Fallweise wurden die zerkleinerten Überreste und die Asche auch „in alle Winde zerstreut" oder in fließendes Wasser geleert, als symbolischer Akt der Reinigung.

Aus den Akten des Wagenlehnerprozesses

(Nach der Transkription von Franz Huber; die ursprüngliche Schreibweise wurde überwiegend an die heutige angepasst.)

Die Transkription des Prozesses in Zellhof samt Beilagen umfasst 397 maschinschriftliche A4-Seiten und jene des Schwertberger Prozesses 212 Seiten.

Beim Durchlesen der Prozessakten kommt einem immer wieder die Frage in den Sinn, ob die Angeklagten letztlich nicht doch jene Antworten gegeben haben, die die Obrigkeit von ihnen erwartete, oder vielleicht waren auch nur jene Antworten niedergeschrieben worden.

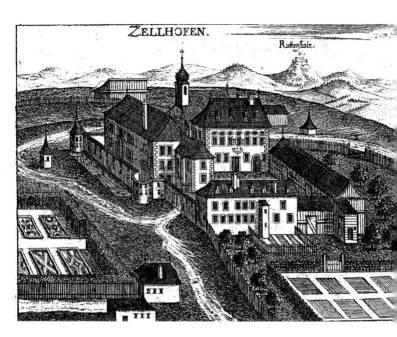

Schloss Zellhof, Schauplatz der Verurteilung der Wagenlehnerin

Mit der Verhaftung der Sibilla Wenigwiser, dem 16-jährigen „Ahnlmensch" (der Enkelin) der Magdalena Grillenberger, vulgo Wagenlehnerin, in Aich 48 bei Zell kam die unvorstellbare Prozesslawine ins Rollen. Sie wurde bei der Hochgräflichen Salburgischen Herrschaft Ruttenstein wegen Brandstiftung am Kreuzbergerhof in Arrest genommen, und die Verhöre begannen.

Gütiges Examen mit der bei der Hochgräfl. Salburg. Herrschaft Ruttenstein arrestierten Sibilla Wenigwiserin Weißenbach, den 11. Juni 1729

Als Sibilla zu den „Limplereien" ihrer Großmutter befragt wird, macht sie sogleich denunzierende Aussagen über die Wagenlehnerin und deren Kinder Miedl (Maria) und Simandl (Simon). Sie berichtet vom Mäuse- und Rattenmachen, von der Buttervermehrung, dem Hostienfrevel und der Ausfahrt der Ahnl:

Am Weihnachtsabend 1727 habe die Ahnl im Keller unterm Bett eine schwarze Maus gefangen, in die Stube getragen und sie in ihrer, des Sohnes Simandl und der Tochter Miedl Gegenwart in neun Teile zerschnitten. Dann habe sie sie in ein rotes Strumpfsöckl gesteckt, sich die Augen verhalten und sei rückwärts durch die Türe hinaus in den Gang gegangen, habe von neun bis eins zurückgezählt und dann neun lebendige Mäuse herausgezählt. Sie habe sie in eine Schachtel getan, drei davon habe sie den Kühen eingegeben, dass sie viel Milch geben, und sechs habe sie aufgehoben.

Die Wagenlehnerin habe alle Jahre, wenn sie das erste Mal im Frühjahr Butter rührte, das Butterfass mit Hundsschmalz ausgeschmiert und mit einer von der ersten Rühr durch das ganze Jahr aufbewahrten Butter, dann ein Häferl voll Milch ins Fassl geschüttet und wieder herausgenommen, manchmal drei mal drei, auch neun Mal aus- und eingeschüttet und dabei von neun bis eins zurückgezählt.

Im Schmalz der Schopperbäckin in Zell sei einmal eine Heppin (Kröte) gewesen, weshalb diese gesagt habe, dass sie nichts mehr brauchen könne, wozu die Ahnl gelacht habe. Die Schopperbäckin habe auch einmal zu ihr gesagt: „Deine Ahnl ist ein schlechtes Weib."

Am Stefanitag habe die Wagenlehnerin in Zell gebeichtet und kommuniziert. Sie habe daraufhin die hl. Hostie aus dem Mund genommen und in den rechten Schuh gesteckt. Sie habe weiters zur Miedl gesagt, sie werde die Hostie bis Johanni aufbehalten und dann den Kühen geben. Das habe sie dreimal von Jahr zu Jahr in Zell getan. Sie habe auch einmal gesehen, wie die Ahnl zu Johanni den Kühen Brot eingegeben habe.

Am Johannistag (24. Juni) sei die Ahnl ausgefahren, nachdem sie am Fastweihnachtstag zuvor Mäuse gemacht habe. Der Ähnl (Großvater) habe in der Früh bei seinem Bett den Stallbesen gefunden, den er beim Schlafengehen dort nicht gesehen habe. Als er die Ahnl beim Essen darauf angesprochen habe, sei diese hinausgegangen und habe gesagt: „Ploderei" (Gerede).

Am Stefanitag vor drei Jahren habe die Wagenlehnerin sie, die Sibilla, und die Miedl um Mitternacht aufgeweckt und mitgenommen zur steinernen Kreuzsäule auf der Straße nach Allerheiligen.

Wiederholtes Examen mit Sibilla Wenigwiserin
Weißenbach, den 30. Juli 1729

In diesem Verhör wiederholt Sibilla ihre Anschuldigungen und weitet sie noch aus. Sie gibt auch an, dass es am Wagenlehnerhof „rumore" (poltere).

Abermaliges Examen mit Sibilla Wenigwiserin
Schloss Zellhof, den 1. August 1729

Nachdem Sibilla von Ruttenstein nach Zellhof überstellt worden ist, wird sie neuerlich befragt. Auch die Schopperbäckin von Zell wird einvernommen. Diese sagt, zitternd an Händen und Füßen, dass sie der Wagenlehnerin niemals Schmalz abgekauft habe.

Verhör mit Maria Podingbauer,
vulgo Schalhasin
Weißenbach, den 1. August 1729

Die Schalhasin sagt aus, dass sie mit keinem Menschen über solche Sachen geredet habe, dass sie über die Wagenlehnerin nichts wisse und dass sie immer gute Nachbarn gewesen seien.

Aussage und Befragung Maria Weberberger
am Messerlehen
Schloss Zellhof, den 1. August 1729

Von der Messerlehnerin werden schwere Beschuldigungen gegen ihre Nachbarin, die Wagenlehnerin, erhoben. Sie sagt aus, dass es ihren Kühen schlecht gehe, dass sie keine Milch mehr gäben und sie glaube, dass die Kühe auf der Weide vom bösen Feind ausgemolken würden. Und ihr Mann sei mit dem Lindner, dem Sohn der Wagenlehnerin, wegen einer Erb-schaftssache zerstritten. Außerdem habe Sibilla fünf Wochen bei ihnen gedient. Sie sei dann von ihrem Mann verjagt worden, weil sie nicht gut gehütet habe. Sie glaube, dass die Wagenlehnerin die Kühe verzaubern könne, unter den Leuten gehe diese Ploderei herum. Sie habe außerdem gehört, dass es am Wagenlehnerhof rumore. Auch die alte Schreinerin sei schon öfter zu ihr ins Haus gekommen, damit sie der Wagenlehnerin etwas zutragen könne.

Schreiben des Pflegers der Herrschaft Ruttenstein (Weißenbach) an den Pfleger der Herrschaft Prandegg (Zellhof) Weißenbach, den 1. August 1729

In diesem Schreiben informiert Carl Joseph Höger den Pfleger von Zellhof Johann Ignaz Prininger über die Überstellung Sibillas von Ruttenstein nach Zellhof und über die Aussagen der Schalhasin.

Spezifikation der am Wagenlehnerhof gefundenen Barschaft des Zellhofer Pflegers Prininger Schloss Zellhof, den 2. August 1729

Die aufgefundenen unterschiedlichen Münzen sind in 24 Punkten aufgelistet.

Mehrmaliges Examen mit Sibilla Wenigwiserin Schloss Zellhof, den 3. August 1729

Nach der Durchsuchung des Wagenlehnerhofs wird Sibilla zu den beschlagnahmten Gegenständen, die in einer Truhe gefunden wurden, befragt. Dann berichtet Sibilla über das Grastuchmelken:

Vor ca. vier Jahren sei sie von der Wagenlehnerin um dieses Tuch, das ganz neu gewesen sei, in die Kammer geschickt worden. Es sei neben dem Schneidstock gelegen und ganz nass gewesen. Sie habe das Tuch ausreiben müssen. Die Ahnl habe es in den Stall getragen, an eine Planke gebunden, zuerst gebetet und dann zu melken angefangen. Sie habe ein Kandl Milch in ein Häfen gemolken. Die Miedl habe derweil die Kuh gemolken. Das Melken des Tuches sei nicht so stark gewesen wie bei einer Kuh, denn die Milch sei sogleich gekommen.

Erst: Und Gütiges Examen
somit bei der Hochgräfl. Salburg.
Landgerichtsherrschaft Prandegg
von ihrer Ähnl Sibilla Wenigwiser
in puncto magiae indizierten
sogenannten Wagenlehnerin
im Beisein zu Ende gefertigter Assessoren
den 5. August 1729 vorgenommen worden
95 Fragen

Nach Angabe ihrer persönlichen Daten wird die Wagenlehnerin gefragt, ob sie „limpln" könne und was man darunter verstehe:

Das weiß sie nicht und hat es ihr Lebtag
nicht zu wissen begehrt.

Dann erklärt sie, wozu die im Haus gefundenen verdächtigen Gegenstände gut seien.

In einer Anmerkung des Gerichtsschreibers ist zu lesen, dass sie kein Bekenntnis zur Güte gemacht habe, obwohl sie sich an den Kopf gegriffen habe und auf die Knie gefallen sei. Daraufhin wird mit geweihtem Rauchzeug geräuchert.

Die nächsten Fragen beziehen sich auf das verbotene Ausmelken von Kühen, das häufige Butterrühren, das Mäuse- und Rattenmachen, die Anwesenheit anderer Leute beim Treffen, weiters auf Streitigkeiten mit ihrem Mann oder mit den Nachbarn, die Mitnahme des hl. Gutes aus der Kirche und die Zusammenkünfte bei der Kreuzsäule. Und immer wieder wird sie ermahnt, dass sie die Wahrheit sagen müsse, weil bereits gegen sie ausgesagt wurde. Die Wagenlehnerin beteuert ihre Unschuld, will um Verzeihung bitten, aber nichts bekennen.

Andert Gütiges Examen
mit Magdalena Grillenbergerin
Schloss Zellhof, den 6. August 1729
57 Fragen

Sie wird über einen weiteren verdächtigen Gegenstand befragt: ein Marmorkugerl, das mit Garn umwickelt ist. Nach der Vermutung des Gerichts soll das ein „Hexenschuss" sein. Sie gibt an, dass sie das Kugerl nicht kenne:

> Der böse Feind muss es hineingetan haben,
> weil er mit mir nichts ausrichten kann.

Der Gerichtsschreiber vermerkt, dass sie das auf dem Tisch stehende Kruzifix nicht ansehen könne und zu keiner Antwort zu bewegen sei.

Nach Drohungen des Pflegers bekennt sie, dass sie aus Rechberg und Zell Hostien mit nach Hause genommen habe.

Der Gerichtsschreiber vermerkt weiters, dass die Angeklagte zu Boden gefallen sei und gestöhnt habe, als ob sie schon tot sei, und dass sie gerne beichten würde.

Dritt Gütiges, doch Ernstliches Examen, mit Magdalena Grillenbergerin Schloss Zellhof, den 8. August 1729 99 Fragen

Die Wagenlehnerin gesteht nun, dass sie aus Rechberg das hl. Gut in einem „Häderl" (Stofffetzerl) mitgenommen habe:

Sie hat ein Häderl in der rechten Hand gehabt, dieses vor den Mund gehalten und folglich mit dem Häderl aus dem Mund herausgenommen.

Als sie befragt wird, ob sie mit dem Melken von Grastuchzitzln umgehen könne, antwortet sie, sie habe ein wenig daran gemolken. Es habe aber nichts geholfen, und sie habe wenig Milch bekommen.

Der Gerichtsschreiber merkt an, dass sie weder mit Ja oder Nein antworten wolle, sondern völlig stumm sei. Als ihr mit dem Daumenstock gedroht wurde, habe sie sogleich geredet und geantwortet:

Es hat ihr der böse Feind dazu geholfen.

Nun wird sie befragt, welche Verbindung sie mit dem bösen Feind habe. Sie berichtet über das Treffen mit dem Teufel beim Ofnerkreuz:

Sie hat ihm ein Tröpferl Blut gegeben aus dem ungenannt oder vierten Finger der rechten

Hand, und er hat damit in ein wildes, schwarzes Buch ihren Namen eingeschrieben. Sie hat Jesus Christus, das wahre Fleisch und Blut, verleugnen müssen. Er hat sie auch umgetauft und etwas wildes Schwarzes dazu gebraucht und gesagt: Dass sie immer und ewig sein solle. Ihr Göd ist der böse Feind geworden, und er hat ihr so ein Wasser gegeben und gesagt: Sie solle ihre Finger darin waschen. Dann hat er ihr einen Geist beigestellt.

Über die Ausfahrt befragt, gesteht sie, dass sie einmal ausgefahren sei in der hl. Zeit zu Weihnachten, um 12 Uhr Nacht zum Ofnerkreuz. Sie habe mit dem Teufel getanzt, aber sich nicht vermischt. Der Teufel habe ihr eine schwarze Salbe mit nach Hause gegeben, damit sie mehr Glück mit dem Vieh haben solle.

Viert Ernstlich und Scharfes Examen mit
Magdalena Grillenbergerin
Schloss Zellhof, den 12. August 1729
69 Fragen

Der Wagenlehnerin wird vorgehalten, dass Sibilla gegen sie ausgesagt habe und auch bereit sei, ihr alles ins Gesicht zu sagen. Die Wagenlehnerin antwortet darauf, dass das „Mensch" ihr großes Unrecht tue und ob das der Dank dafür sei, dass sie ihr so viel Gutes getan habe. Nach genaueren Fragen zur Zusammenkunft mit dem Bösen gibt sie zunächst keine Antwort.

Nun vermerkt der Gerichtsschreiber den Einsatz des Daumenstocks. Nach der Zuschraubung und Kompression verspricht die Verhaftete, die Wahrheit zu bekennen. Hierauf wird der Daumenstock nachgelassen:

> Sie hat beim Ofnerkreuz an einem
> Grastuchzitzl gemolken.

Fünft Gütiges Examen und Nachgefolgte Konfrontation
mit Magdalena Grillenbergerin
Schloss Zellhof, den 19. August 1729
Fragen an die Wagenlehnerin: 98
Fragen an Sibilla: 89
„ad" Fragen zu den ersten 25 Fragen an die Wagenlehnerin: 19

Der Wagenlehnerin wird mit peinlicher Befragung gedroht, wenn sie nicht bekenne. Sie verneint die gestellten Fragen bzw. gesteht nichts Neues. So kommt es zur Konfrontation mit Sibilla. Diese sagt ihrer Ahnl ihre bisherigen Anschuldigungen ins Gesicht.

Dann wird Sibilla abgeführt. Die Wagenlehnerin wird noch kurz weiter befragt und dann abgeführt. Nun wird Sibilla in Abwesenheit der Wagenlehnerin weiter verhört.

Sibilla bezeichnet Leute wie die Ahnl als Zauberinnen. Dann berichtet sie über die Ausfahrten zur Kreuzsäule:

> Die Ahnl hat alles hergerichtet und sich wie
> eine Braut aufgeputzt und die bei der Visitation
> gefundenen Stöckelschuh angehabt. Dann hat
> die Ahnl sie und die Miedl geweckt. Sie haben
> sich angezogen und sind ausgefahren zur

steinernen Kreuzsäule vor Allerheiligen, die Ahnl auf der Ofenschüssel, die Miedl auf einem Besen und sie auf einer Ofenkrucken, so hoch wie auf einem Kinderwagerl. Die Ahnl hat Eier, Schmalz und Semmeln mitgenommen.

Die Wagenlehnerin wird erneut vorgeführt zur Konfrontation mit Sibilla. Als sie um einen Trunk bittet, wird ihr geweihtes Wasser zum Trinken gegeben. Sibilla gibt an:

Die Ahnl ist neben dem Naarnleitner in einem Winkel in der Kirche gestanden, dann hat sie den rechten Schuh aufgelöst und das hl. Gut hineingetan. Sie selbst hat es dreimal gesehen, vor zwei Jahren an einem Samstag, an einem Frauentag und am Martinitag.

Die Wagenlehnerin bekennt, das sie die hl. Hostien in vier Teile gebrochen und zwischen zwei Broten den Kühen und der Geiß eingegeben habe. Die Billerl und die Miedl seien dabei gewesen.

Sie gibt zu, dass sie auch in Maria Taferl und in Laab zwei Hostien mitgenommen habe.

Nun wird Sibilla Wenigwiser wieder ins Examen genommen. Sie gibt an, wer bei den Ausfahrten dabei gewesen sei:

Die wagenlehnerischen Kinder sind alle miteinander ausgefahren, die Kreuzbergerin, die Miedl, der Lindner, Hiasl, Simandl, ihre leibliche Mutter, die alte Schreinerin und Johannes, der beim Segl dient.

Zur Ausfahrt habe die Ahnl ihr, der Miedl und dem Simandl Gesicht und Hand mit einer gelben Salbe eingeschmiert. Die Größeren hätten das selbst getan.

Die Ahnl und die Kinder hätten jedes Mal das hochwürdige Gut und ein geweihtes Bild oder Kerzen mitbringen müssen:

> Die Miedl hat die Sachen dem bösen Feind
> vorwerfen müssen. Dann haben sie darauf
> getreten und getanzt.

Unter den vielen Leuten sei die Bäurin zu Schönau die Vornehmste gewesen. Alle hätten sich dem bösen Feind ergeben. Auch sie selbst:

> Zu Weihnacht war es 3 Jahre, als sie das zweite
> Mal ausgefahren ist. Da hat sie unseren Herrgott
> verleugnen und den Glauben verlassen müssen.
> Dann wurde sie im Beisein der Ahnl auf
> „Toiferl" umgetauft und Göd war der Teufel,
> der schwarze Mann. Dann öffnete ihr und der
> Miedl der böse Feind den Finger, ließ Blut
> heraus und schrieb sie damit ein. Die Miedl
> hat ihr gesagt, dass auch die anderen wagen-
> lehnerischen Kinder das Blut geben mussten.

Sibilla bekennt weiter, dass sie der Teufel selbst „gemerkt" habe. Er habe ihr ein schwarzes Papierl auf der rechten Seite ihres Leibes eingemacht, als ob er es eingeleimt hätte. Auch die Miedl und die Kreuzbergergerin seien gemerkt worden. Der böse Feind habe auch begehrt, dass ihnen das hl. Gut eingeheilt werde.

Nun wird Magdalena Grillenberger wieder vorgeführt und allein befragt.

Es wird vermerkt, dass sie zu keinem freiwilligen Bekenntnis bereit sei. Als man ihr erneut Sibilla vorstellen will, sagt sie, man möge darauf verzichten. Und sie bekennt, dass sie bei jeder Zusammenkunft mit dem Teufel das Bündnis erneuern habe müssen.

Vor drei Jahren sei sie beim Ofnerkreuz in der rechten Hand gemerkt worden. Der Teufel habe etwas Schwarzes genommen und einen Strich gemacht.

Da sie kein weiteres Geständnis macht, wird Sibilla Wenigwiser wieder zur Konfrontation vorgeführt. Der Gerichtsschreiber berichtet, dass das „Mensch" sage, die Ahnl sei halt ein harter Stock.

Angesprochen auf das Einheilen des hl. Gutes beginnt die Wagenlehnerin zu zittern, worauf Sibilla ungefragt bemerkt, dass der Ahnl halt das Maul zusammengewachsen sei. Darauf die Wagenlehnerin:

Weil es so sein muss, so will sie es bekennen.

Sechst Gütiges Examen
mit Magdalena Grillenbergerin
Schloss Zellhof, den 26. August 1729
111 Fragen

Die Wagenlehnerin verspricht, die Wahrheit zu sagen, aber sie wisse nichts mehr. Es werden ihr wieder die bereits bekannten Fragen gestellt. Auch über das Aussehen des bösen Feindes und der Luziferin wird sie befragt:

Sie will hierüber auch auf Zusprechen nicht ausführlich reden, sondern sagt, dass der böse Feind und die Luziferin schwarz gekleidet erschienen sind.

Siebent Gütiges Examen und Aussage der Magdalena Grillenbergerin
Schloss Zellhof, den 11. Oktober 1729
97 Fragen

Nach einer mehrwöchigen Pause ist die Wagenlehnerin bereit, alles auszusagen, wenn sie es nur wisse. Wieder wird ihr mit der Marter gedroht. Sie sagt, sie habe sich selbst Unrecht getan.

Sie gibt zu, dass sie das Melken mit dem Grastuchzitzl von der Körnerin gelernt habe und sich auch getraue, ihr das ins Gesicht zu sagen. Sie wird nach weiteren Personen gefragt, die sie bei der Zusammenkunft gesehen habe und die sich dem Teufel ergeben hätten.

Der Teufel habe das hl. Gut begehrt. Alle ihre Kinder und das Ahnlmensch hätten sich dem Teufel ergeben.

Nun wird die Wagenlehnerin gefragt, ob sie sich mit dem Teufel vermischt habe und welche Empfindlichkeit sie dabei gehabt habe:

> Sie hat sich mit dem bösen Feind und obersten Teufel wirklich vermischt ... Hat jene Empfindlichkeit gehabt, als wenn sie ihrem wirklichen Ehemann beiwohnt.

Das Gericht fragt weiter, welcher Spruch zum Grastuchmelken gehört habe:

> Meine weiße oder schwarze Kuh, was ich halt für eine gemeint habe, ich melke dich durch alle Teufels Namen, worauf die Milch gleich hergegangen ist.

Auf diese Art habe sie die Kühe ausgemolken, und zwar von der Eglseerin, weiters die er Fichtnerin, Groß-Wieserin, Klein-Wieserin, Laberin, Naarnleitnerin, Rabmühlnerin und der Wilhalmin. Wenn man wolle, könne man die Kühe auch zu Tode melken.

Das achte Examen vom 26. November 1729 fehlt im Akt.

Neunt und Gütiges Examen
(und Konfrontation mit Sibilla Wenigwiserin)
mit Magdalena Grillenbergerin
Schloss Zellhof, den 29. November 1729
126 Fragen

Nun sagt die Wagenlehnerin aus, dass sie ganz kleinmütig sei, oft ganze Nächte knie und weine über ihr Verschulden, sie werde hoffentlich nicht so viel begangen haben. Sie wolle es gern bekennen, wenn sie es nur wisse, weil sie aber nichts wisse, könne sie nichts bekennen, man möge tun, was man wolle.

Nun wird sie gefragt, wann ihr der böse Geist zum letzten Mal erschienen sei und was sie mit ihm geredet habe:

Es sind schon 3 Wochen, dass ihr der böse
Feind erschienen ist … in der Nacht im Arrest
… er hat sich wiederum mit ihr vermischt …
nur einmal … er heißt Philippi. Er hat gesagt,
sie soll nichts bekennen und bestehen.

Sie wird auch gefragt, ob bei den Hexentänzen andere Laster, Blutschande und dergleichen begangen worden seien, was sie verneint.

Insgesamt sei sie zwölf Mal ausgefahren, und die Körnerin habe sie hingebracht. Sie nennt auch alle Orte, von denen sie Hostien mitgenommen habe:

> 2 zu Allerheiligen, 5 zu Zell, 2 zu Tragwein, 4 zu Laab, 4 zu Rechberg, 2 zu Taferl, zusammen 19.

Als sie mit der Aussage Sibillas konfrontiert wird, dass sie Schmalz und Eier zur Zusammenkunft mitgebracht habe, notiert der Gerichtsschreiber:

> All dessen ungeachtet aber will sie es nicht bekennen, sondern sagt: das Mensch tue ihr Unrecht.

Sibilla wird erneut vorgeführt und sagt der Ahnl ins Gesicht, dass sie selbst, die Ahnl, und auch Miedl und Simandl das hl. Gut zu den Zusammenkünften mitgebracht hätten. Die Wagenlehnerin seufzt zuerst, dann bekennt sie mit lauter Stimme, das sei wahr.

Zehnt Gütiges Examen und Aussage Magdalena Grillenbergerin Schloss Zellhof, den 13. April 1730 101 Fragen

Nach einer mehrmonatigen Pause wird sie wieder zur Vermischung mit dem Teufel befragt. Beim Hexentanz hätten sich alle mit dem bösen Feind fleischlich vermischen müssen, die Männer mit dem Weib des Teufels. Man habe dabei auf die Seite gehen müssen.

Von der Körnerin sei sie dem bösen Feind zum ersten Mal vorgestellt worden, am Fastweihnachtstag vor elf Jahren, in der Dunkelheit. Die Körnerin habe im Garten beim Backofen neben dem Wagenlehnerhof einen Kreis gemacht und den Teufel gerufen (Anmerkung: Das Kreisstehen war noch lange Zeit danach ein alter Brauch in den Raunächten):

> … welcher auch hierauf in der Größe eines Hirter-bübls in einem braunen Kleid erschienen …

Die Wagenlehnerin wird nun gefragt, welchen Namen sie beim Umtaufen durch den Teufel bekommen habe:

> Sie ist Miedl genannt worden.

Dann wird sie über ihre beiden verstorbenen Kinder befragt:

> Das ältere, das Miedl geheißen hat, ist 4 Tage alt gewesen und zu Zell getauft worden. Das Bübl ist nicht zur Taufe gekommen. Sie weint darüber bitterlich, dass sie am ganzen Leib zittert.

Am Ende dieses Verhörs wird sie gefragt, ob sie gewusst habe, dass ihre Tochter Miedl schwanger gewesen sei, was sie heftig verneint. Zum Mäuse- und Rattenmachen befragt, sagt sie, dass ihr das Ahnl-mensch hier Unrecht getan habe. Sie gibt aber zu, dass sie acht Mal hl. Hostien verbraucht habe.

Am 7. November 1730 wird die Wagenlehnerin in Zellhof hingerichtet. Zuerst wird sie mit glühenden Zangen in die Brust gezwickt und die rechte Hand wird ihr abgehauen. Dann wird sie erdrosselt und ihre Leiche auf dem Scheiterhaufen verbrannt. Ihre Asche wird in den Wind gestreut.

Am 7. November 1730 wird auch ihre Enkelin Sibilla Wenigwiser in Ruttenstein enthauptet und verbrannt.

Zum weiteren Prozessverlauf

Verhöre mit Maria (Miedl) Grillenberger, Zellhof, von 10. September 1729 bis 15. Mai 1731

Maria Grillenberger wird am 2. August 1729 verhaftet. Sie wird in fünf „guetigen Examen und Confrontationen" mit Sibilla und Simon einvernommen.

Das letzte Verhör wird unterbrochen wegen der Anhörung von Simon über die Schwängerung von Maria durch den Teufel Michael bzw. über den Abortus. Der Teufel Michael sei ihr Göd bei der Umtaufe gewesen, wo sie den Namen Everl bekommen habe. Nach der Geburt habe sie das leblose Kind im Garten vergraben.

Nach der Konfrontation mit Simon wird nach der Frühgeburt gegraben. Zuerst wird etwas gefunden, das „wie ein geselchter Hering ausgesehen hat". Als dann an einem anderen Ort gegraben wird, wird eine lebendige Kröte gefunden.

Darauf wird in einem „Notandum" festgestellt, dass die Kröte an einem dicken Zaunstecken aufgespießt wurde. Nach drei Tagen sei sie wieder lebendig geworden und nach zwei Tagen wieder krepiert.

Maria Grillenberger wird am 7. November 1730 in Zellhof enthauptet und verbrannt.

Verhöre mit Simon (Simandl) Grillenberger Zellhof, von 15. Oktober 1729 bis 16. Mai 1730

Auch Simon Grillenberger wird am 2. August 1729 verhaftet. Im vierten Verhör wird ihm die Konfrontation mit Sibilla angedroht.

Am 8. Dezember 1729 ergeht eine „Schreibens Copia" von Schloss Zellhof über die Verhöre an den Pfleger von Ruttenstein. Dieser schickt am 2. Dezember 1729 einen „Extract" aus Weißenbach über die Befragung von Sibilla Wenigwiser.

Simon gibt zu, dass er beim Hexentanz auf einem schwarzen Bock reiten habe müssen. Der böse Geist Jäkl sei sein Göd bei seiner Umtaufe auf Jäkl gewesen. Nach der Auffindung der vergrabenen Kröte wird Simon nochmals über die Schwängerung seiner Schwester Maria und den Grabungsort befragt.

Am 7. November 1730 wird Simon Grillenberger in Zellhof enthauptet und verbrannt.

Briefkopie an Dr. Stadler in Linz vom Pfleger Johann Ignaz Prininger Schloss Zellhof, den 1. September 1730

Dieser Brief enthält einen Bericht mit drei Beilagen:

1. Befragung der Wagenlehnerin (vom 18.8.1730)

2. Liste der denunzierten Nachbarinnen (vom 18.8.1730)

3. Aussage an Eidesstatt des Baders Tobias Hueber über die Untersuchung der Maria („schändlicher Zustand am geheimen Ort"), der Magdalena und des Simon (vom 6.6.1730).
Der Bader berichtet weiter über das Aufschneiden einer Narbe an der linken Hand der Wagenlehnerin. Der Herr Pfarrer von Zell (Franz Xaver Lackhenpaur?) habe das herausrinnende schöne, rosafarbene Blut mit einem sauberen Tuch aufgefangen.

Rechtliches Gutachten, die 3 Delinquenten Magdalena, Maria und Simon Grillenberger betreffend, unterfertigt von Dr. Bonaventura Ignaz Stadler und Dr. Peter Anton Räzesperger, Linz, den 7. Oktober 1730

In dem Schreiben, das mit „In Nomine Domini Nostri Jesu Christi Amen" eingeleitet wird, wird darauf verwiesen, dass „das Laster der Zauberey eines unter den erschröckhlichsten Missethaten ist … und anderwärtig vilfältige delicta, als die Apostasia, Kezerey, Sacrilaegium, Gottslästerung, Sodomiterey, unnatürliche Vermischungen und Blurthschändungen …"

Weiters werden dem Landgericht auch die Bestrafungen für die Delikte mitgeteilt.

Verhöre mit Johann Grillenberger Schwertberg, von 12. September 1730 bis 20. August 1731

Mit der Kopie eines Briefes des Zellhofer Pflegers Prininger vom 9. September 1730 an den Schwertberger Pfleger Johann Georg Kranewitter und der Verhaftung am nächsten Tag wird der „Schwertbergerprozess" gegen Johann (Johannesl) Grillenberger, im Dienste beim Lenzen in Dirnberg, eröffnet. Bis zum 13. September findet nun ein Briefwechsel zwischen dem Schwertberger Pfleger, dem Pfleger von Zellhof und dem Pfleger von Riedegg, Georg Nicolaus Holdt, statt.

Johann Grillenberger wurde zuerst vom zuständigen Riedegger Pfleger zweimal einvernommen. Alles Weitere war nun Angelegenheit des Landgerichts

Schwertberg. In den folgenden Verhören in Schwertberg beteuert der Angeklagte immer wieder seine Unschuld.

Anfang 1730 wird Johannes Grillenberger in aller Eile nach Zellhof gebracht, zur Konfrontation mit Sibilla. Nachdem sie ihm ihre Beschuldigungen ins Gesicht gesagt hat, wird sie abgeführt. Dann gibt Johannes alles zu.

Ende März 1731 übersendet der Ruttensteiner Pfleger das Verhör mit Regina Körner bezüglich Sodomie ihres Bruders Johann an Schwertberg.

Am 20. August des Jahres 1731 wird in Schwertberg das Urteil wegen Zauberei und Bestialität an Johann Grillenberger vollstreckt: Tod durch das Schwert und Verbrennung des Körpers auf dem Scheiterhaufen.

Verhöre mit Magdalena Wenigwiser, vulgo Schreinerin, geb. Grillenberger Zellhof, von 18. Oktober 1730 bis 21. Oktober 1730

Die „Schreinerin", die Mutter der Sibilla, wird am 10. September 1730 verhaftet. Beim ersten Verhör nennt sie die Orte, zu denen sie ausgefahren seien: Hofingerkreuz in Schönau, Kreuz beim Lehner in Schönau, Kreuz nächst der Aich und Ofnerkreuz. Und sie sei auch in Verbindung mit einem bösen Geist namens Johannes.

Am 20. Oktober 1730 findet das letzte gütige Examen (13 Fragen) mit der Wagenlehnerin statt, wo auch eine Konfrontation mit ihrer Tochter Magdalena Wenigwiser erfolgt.

Bei ihrem letzten Verhör will Magdalena Wenigwiser zuerst ihre Aussage widerrufen, doch nach der
Territion mit dem Daumenstock will sie die Wahrheit
bekennen. Sie bekennt die Umtaufe auf Maria Eva.
Ihr Göd heiße Johannes und sei ein Teufel. Am Ende
der Aussagen befiehlt sie sich der Barmherzigkeit
Gottes und der weltlichen Obrigkeit zu einem gnä-
digen Urteil.

Sie wird am 10. Oktober 1731 in Zellhof enthauptet und verbrannt.

Verhöre mit Jakob Grillenberger, vulgo Lindner Zellhof, von 14. Oktober 1730 bis 12. Februar 1731

Jakob Grillenberger wird ebenfalls am 10. September
1730 verhaftet. Beim ersten gütigen Verhör ist er zu
keinem Geständnis zu bewegen.

Beim zweiten gütigen Verhör nach drei Tagen
kommt es auch zu einer Konfrontation mit Sibillas
Aussagen. Bezüglich einer kleinen Wunde an der rechten Hand, die vom Zeller Bader Tobias Hueber untersucht wurde, wird ihm vorgeworfen, dass sie von der
Einheilung des hl. Guts stamme. Er erklärt, dass er
sich in der Nacht im Arrest an der Mauer verletzt habe.

Auch beim dritten gütigen Examen beteuert er
seine Unschuld.

Im vierten gütigen Examen gesteht er unter anderem, dass er sich mit dem Ahnlmensch fleischlich
versündigt habe.

Im fünften gütigen Examen kommt es zur mehr-
maligen Konfrontation mit seiner Schwester Magda-

lena Wenigwiser. Der Gerichtsschreiber vermerkt, dass er zu keinem Bekenntnis zu bewegen sei, sondern bei ihm sei „eine solche unbeschreibliche Bosheit vorhanden gewesen, die gezeigt hat, als wenn ihm der leidige Satan selbst bei den Augen herausschaue".

Am 14. Mai 1731 ist Jakob Grillenberger im Kerker von Zellhof (versehen mit dem Sterbesakrament) verstorben. Sein Leichnam wurde in geweihter Erde begraben.

Verhöre mit Matthias Grillenberger
Zellhof, von 14. Oktober 1730
bis 10. Februar 1731

Matthias Grillenberger konnte erst am 11. September, einen Tag nach seiner Flucht, verhaftet werden.

Im ersten gütigen Examen wird er befragt, wie es ihm gelungen sei, durch das geschlossene Tor zu flüchten. Und er wird gefragt, warum er sich der Verhaftung entziehen habe wollen, wenn er sich doch nicht schuldig fühle. Er sagt aus, dass er nichts wisse, man möge ihm tun, was man wolle.

Beim zweiten gütigen Examen und der Konfrontation mit Sibilla, drei Tage später, sagt ihm diese ins Gesicht, dass auch ihm das hl. Gut eingeheilt worden sei. Der später beigezogene Zeller Bader Hueber findet eine kleine Verletzung an der linken Körperseite unterhalb der Rippen. Matthias bekennt nichts und sagt, dass ihm Sibilla großes Unrecht tue.

In einer nachfolgenden Aussage an Eidesstatt berichtet der Zeller Bader Tobias Huber über die vorgenommenen Untersuchungen an Magdalena Wenigwiser und an Jakob und Matthias Grillenberger und die vorgefundenen „Maserl" (Narben).

In einem späteren Notandum (vom 10. Februar 1731) schreibt Pfleger Prininger, dass sich Matthias Grillenberger selbst das hl. Gut an verschiedenen Stellen eingeheilt habe.

Nach dem dritten gütigen Examen von Matthias Grillenberger wird in einem Notandum vermerkt, dass der Arrestant darum bitte, ihm das hl. Gut herausschneiden zu lassen, damit es nicht verderbe. Daraufhin sei er vor Schwäche zu Boden gesunken.

Im letzten gütigen Examen mit bestätigter Aussage gibt er unter anderem zu, dass er umgetauft worden sei auf Sepperl. Mit dem Holz für Hexerei, das er als Gödengeld vom Teufel Jodl bekommen habe, habe er Regen gemacht. Dabei habe er am Georgitag das Holz in die Kotrinner-Furtlacke in Teufels Namen hineingetunkt. Darauf habe es zwei Tage geregnet.

Er beschließt damit seine Aussage und bittet um Gottes Barmherzigkeit und die weltliche Obrigkeit um ein gnädiges Urteil.

Am 6. Juni 1731 wurde Matthias tot im Kerker aufgefunden. Sein Leichnam wurde „landgerichtlich vertilgt".

Befragung des Thomas Grillenberger,
vulgo Wagenlehner
Zellhof, den 30. Oktober 1730

Bei seiner Befragung erklärt Thomas Grillenberger, dass er nichts wisse, außer dass die Geister in seinem

Haus umgegangen seien und es rumort habe. Es erfolgt keine Verhaftung und keine Anklage.

Befragung der Elisabeth Pruner, vulgo Groß-Wieserin
Zellhof, den 30. Oktober 1730

Die Groß-Wieserin wird befragt, ob sie mit den Kühen Schaden erlitten habe. Sie erklärt, dass das von schlimmen Leuten komme und dass sie ihre Aussagen auch mit Eid beschwören könne.

Verhör mit der Maria Castner, vulgo Hörzinghoferin
Weißenbach, den 6. November 1730

Sie gibt an, dass auch sie mit den Kühen Schaden erlitten habe, der von schlimmen Leuten komme.

In einem Notandum erklärt Pfleger Höger, dass die zu verhörende Klein-Rienerin vor zwei Jahren verstorben sei.

Schriftstücke in den Akten
Brief des kaiserlichen Bannrichters in Österreich ob der Enns Dr. Franz Anton von Kirchstettern an den Zellhofer Pfleger vom 19. November 1730

Der Brief enthält alle Urgichte, Urkunden und (Todes)Urteile betreffend Magdalena, Maria und Simon Grillenberger sowie die Abschriften für Ruttenstein bezüglich Sibilla Wenigwiser.

Alle Urteile sind eingeleitet mit „In Nomine Domini Nostri Jesu Christi Amen" und geschlossen mit dem Vermerk „Publiziert in der Kaiserlichen Bann- und Landgerichtsschranne bei der Herrschaft Prandegg, den 7. November 1730".

Brief (Abschrift) des Zellhofer Pflegers Johann Ignaz Prininger an Dr. Bonaventura Ignaz Stadler in Linz vom 14. Februar 1731

Pfleger Prininger fragt an, wie mit den weiteren Angeklagten zu verfahren sei, nachdem Magdalena Grillenberger, ihre Kinder Maria und Simon und ihre Enkelin Sibilla „ihre abgelegten Aussagen mit dem Tod bekräftigten".

Rechtliches Gutachten der beiden Linzer Juristen Dr. Stadler und Dr. Räzesperger an den Zellhofer Pfleger vom 19. Juni 1731

Nach der üblichen Einleitung „In Nomine Domini Nostri Jesu Christi Amen" folgt eine Übersicht:

Erstens über die am 7. November 1730 in Zellhof Hingerichteten, also Magdalena Grillenberger sowie deren Kinder Simon und Maria und die am selben Tag in Weißenbach hingerichtete Sibilla.

Zweitens über den am 14. Mai 1731 im Kerker verstorbenen Jakob Grillenberger, vulgo Lindner, und den am 6. Juni 1731 im Kerker „vom leidigen Satan erwürgten" Matthias Grillenberger.

Drittens über das bereits bestätigte Urteil über den in Schwertberg inhaftierten Johann Grillenberger.

Viertens über Magdalena Wenigwiser, vulgo Schreinerin, die in Zellhof hinzurichten sei, und über Regina Körner, vulgo Kreuzbergerin, die in Weißenbach durch Enthaupten und Verbrennen hinzurichten sei.

Urgicht und Urteil des Bannrichters Kirchstettern betreffend Magdalena Wenigwiserin vom 10. Oktober 1731

Vermerkt ist nach der üblichen Einleitung die Hinrichtung der Magdalena Wenigwiser mit dem Schwert und das anschließende Verbrennen als „abscheuliches Beispiel und Exempel".

Facti Spezies I und II

Facti Species I vom 19. Mai 1730 betrifft die inhaftierten Delinquenten Magdalena Grillenberger, Maria Grillenberger und Simon Grillenberger. Zuerst wird Bezug genommen auf die bereits erfolgten Aussagen. Dann werden die Verhaftung der obgenannten Personen und die Hausdurchsuchung detailliert dargestellt:

Die Verhaftung sei in höchster Geheimhaltung um 1 Uhr Nacht erfolgt. Der Landgerichtsdiener habe sich als Soldat ausgegeben, der um Tabakfeuer ersucht. Er habe den Wagenlehner dazu gebracht, die Tür zu öffnen. Nun sei befohlen worden, keinen Lärm zu machen, sondern das vollziehen zu lassen, was von der Herrschaft befohlen worden sei. Der Landgerichtsdiener habe sich zum Bett der Wagenlehnerin geschlichen, die er schlafend und nackt vorgefunden habe. Sie habe so fest geschlafen, als ob sie tot gewesen wäre. Erst als ihr Mann sie angeredet habe, sie müsse dem

Befehl der Obrigkeit Gehorsam leisten, sei sie wach geworden. Sie habe sich angekleidet und sei in den Arrest abgeführt worden. Zugleich seien auch der Sohn Simon und die Tochter Maria verhaftet worden. Der Wagenlehner und der Sohn Matthias seien bis zum nächsten Morgen in der Stube bewacht worden.

Am nächsten Tag habe der Landgerichtsverwalter selbst das Haus, die Wohnung, Truhen und Kleider untersucht und allerlei verdächtige, mutmaßlich zaubrische Sachen gefunden:

stinkende Öle und Salben

allerlei Pulver oder bläuliches Gift

Gebeine, Wachslichter, Kolomani-Segen

runde, doppelt zusammengelegte Papierl, mit einer Nadel durchstochen und sehr „maillig" (fleckig)

ein weißschaliges Messerl, einen vermutlichen Hexenschuss und schwarze Köllerl (Kugerl)

Danach seien die verhafteten Personen vom Landgerichtsdiener und seiner Frau gewaschen und am ganzen Körper nach verdächtigen Zeichen untersucht worden.

Facti Spezies II vom 7. Juni 1731 berichtet über das Ableben von Matthias Grillenberger im Arrest:

Gegen 9 Uhr Abend habe Matthias Grillenberger im Kerker mit fürchterlicher Stimme zu schreien begonnen, wie ein Hirsch in der Brunft.

Die Frau des Landgerichtsdieners habe sich zum Kerker begeben und den Gefangenen gefragt, was los sei. Dieser habe gestammelt: „Schwach, schwach!"

Daraufhin habe ihm die Frau einen Topf mit warmer Suppe gebracht. Der Gefangene habe sich aufgesetzt und den Suppentopf entgegengenommen.

Die Frau habe ihren Mann herbeigeholt, doch als sie zum Kerker zurückgekommen seien, sei Grillenberger tot gewesen. Der Suppentopf habe ihm gewaltsam aus der Hand genommen werden müssen. Darauf seien der Landgerichtsverwalter, der Hofschreiber, der Hofamtmann und der Bader beigezogen worden. Der Bader habe festgestellt, „dass ihm der leidige Satan … das Genäck abgedruckt und solchergestalten des Lebens beraubt" haben müsse.

Der Gefangene habe zehn Tage zuvor über Unwohlsein geklagt. Das war wohl eher eine Schwäche wegen der langen Haft und der Angst, jedoch nicht die Todesursache.

Undatiertes Schriftstück

Verfasst von Bannrichter Dr. Kirchstettern zur Einvernahme von mehreren Personen (aus der Zeit zwischen 21. und 30. Oktober 1730).

Schreibens-Kopie vom 1. Oktober 1731

Verfasst vom Zellhofer Pfleger Prininger an Bannrichter Dr. Kirchstettern über die geplante Exekution der Schreinerin.

Schreibens-Kopie vom 23. Mai 1731

Die Landeshauptmannschaft Linz teilt dem Schwertberger Pfleger mit, dass an Johannes Grillenberger trotz seines Leugnens die Todesstrafe durch Enthaupten und Verbrennung zu vollstrecken ist.

Weitere Dokumente

Der „Kauf um das Schreinergut" vom 14. Februar 1722 aus den Landgerichtsakten Ruttenstein: Crida-Verkauf des Schreinergutes des Georg Wenigwiser an Michael und Maria Langthaler.

Der „Kauf um den Creuzberg" vom 31. März 1724 aus den Landgerichtsakten Ruttenstein: Kauf durch Matthias Körner und seine künftige Ehewirtin Regina.

In den Herrschaftsprotokollen von Zellhof findet sich ein Eintrag zum Verkauf des Wagenlehnerguts an Martin Grueber und dessen Frau Sophia aus Windhaag sowie eine „Inventar-, Schätz- und Abhandlung am großen Wagnlechen". Beide Einträge stammen aus dem Jahr 1731.

Die „Inventur und Abhandlung am Lindnergut beim Ellerberg" vom Urbaramt der Herrschaft Prandegg vom 7. Jänner 1732, nachdem Jakob Grillenberger vom Lindnergut im Arrest verstorben war, gibt als Erben seine Witwe Sibilla und beider Kinder Matthias und Michael an.

Weiters dokumentiert die Herrschaftskanzlei Ruttenstein am 16. Dezember 1732 den „Kauf um das Gut am Creuzberg" von Johann Weinberger.

Und in einem Brief vom 14. April 1748 richtet Georg Joseph Vürsing, der Pfleger von Reichenstein, eine Anfrage an Joseph Pruggberger, den Hochgräfl. Salburg. Pfleg- und Landgerichtsverwalter der Herrschaften Zellhof, Prandegg und Aich, ob in der Liste der Denunzierten im Wagenlehnerprozess folgende verdächtige Personen aufscheinen würden:

die alte Wielandin in der Gschwendt und deren einzige leibliche Tochter

Susanna, die Spätin in der Gschwendt

Katharina Kühasin, die Schedlmayrin, und deren Kinder

Johannes Zimmerberger, Puechner in der Gschwendt, und dessen verstorbene Mutter Magdalena Zimmerbergerin

Die im Prozess genannten Frauen
aus Zell und Umgebung
(verhörte bzw. denunzierte Frauen)

Adamin zu Schönau

Alte bucklerte Koglerin beim Ellerberg

Alte Hieslin zu Hofing

Alte Moserin

Alte Pölzin

Alte Steinzaunerin

Bäurin zu Lanzendorf

Bäurin zu Schönau

Dandorferin

Ederin zu Schönau

Eine Pichlertochter

Farthoferin zu Weißenbach

Fragnerin

Groß-Barndorferin

Groß-Hametnerin

Groß-Wieserin

Gruberin bei der Aich

Gstötten-Schneiderin

Gugenbergerin (Gumbergerin ?)

Hörzinghoferin

Junge Kirschnerin, Hufschmiedin zu Zell

Junge Pölzin

Junge Steinzaunerin

Junge Tischlerin zu Zell

Junge Weißgerberin zu Zell

Katzenederin

Klein-Rienerin

Körnerin (Kettnerin ?)

Lehnerin bei Schönau

Mayrin auf der Aich

Messerlehnerin

Ober-Auerin

Ober-Pichlerin

Pauernbergerin

Pillhoferin

Prunerin

Richterin zu Pierbach

Schalhasin beim Ellerberg

Schalhasin bei Zell

Schopperbäckin zu Zell

Schusterin zu Weißenbach

Seglin

Stephlin zu Fürling

Weyrerin

Wilhalmin

Biografische Daten der Familie Grillenberger

Thomas Grillenberger
Geboren um 1660, St. Thomas am Blasenstein,
Sterbedatum unbekannt

Eltern
Maria und Simon Grillenberger,
am Kirchhof in St. Thomas

Zwei Geschwister (?)
Andreas
Mathias

Heirat am 23.1.1688, Zell,
mit Magdalena Rabl auf das Wagenlehnergut
in Zell

Magdalena Rabl, verehelichte Grillenberger,
vulgo Wagenlehnerin
Geboren am 23.4.1670, Zell,
verhaftet am 2.8.1729,
hingerichtet am 7.11.1730, Zellhof

Eltern
Sabina Rabl, geb. Ruebmer, und Georg Rabl

Vier Geschwister
Susanna, geboren am 13.5.1663,
verstorben am 11.7.1663, Zell
Johann, geboren am 21.6.1664,
verstorben am 10.3.1685, Zell
Georg, geboren am 19.4.1666,
verstorben am 8.4.1688, Zell

Michael, geboren am 13.9.1678,
Sterbedatum unbekannt

Heirat am 23.1.1688, Zell,
mit Thomas Grillenberger vom Kirchhof,
St. Thomas am Blasenstein

Neun Kinder
Magdalena, geboren am 23.5.1689, Zell,
hingerichtet am 10.10.1731, Zellhof
Maria, geboren am 10.3.1691, Zell,
verstorben am 13.3.1691, Zell
Jakob, geboren am 8.7.1693, Zell,
verstorben (im Kerker) am 14.5.1731, Zellhof
Regina, geboren am 22.4.1696, Zell,
hingerichtet am 10.10.1731, Ruttenstein
Johannes, geboren am 16.6.1699, Zell,
hingerichtet am 20.8.1731, Schwertberg
Christoph, geboren am 9.1.1702, Zell,
verstorben am 10.1.1702, Zell
Matthias, geboren am 13.2.1703, Zell,
verstorben (im Kerker) am 6.6.1731, Zellhof
Maria, geboren am 6.7.1708, Zell,
hingerichtet am 7.11.1730, Zellhof
Simon, geboren am 13.7.1711, Zell,
hingerichtet am 7.11.1730, Zellhof

Magdalena Grillenberger, verehelichte
Wenigwiser, Tochter der Wagenlehnerin

Geboren am 23.5.1689, Zell,
verhaftet am 10.9.1730,
hingerichtet am 10.10.1731, Zellhof

Heirat am 1.2.1712, Schönau,
mit Georg Wenigwiser (verstorben 1723) auf das
Schreinergut in Schönau,
„abgehaust" am 4.2.1722 (Crida-Verkauf),
Inwohnerin beim Köberl unterm Ellerberg

Drei Kinder
Sibilla, geboren am 16.4.1713, Schönau,
hingerichtet am 7.11.1730, Ruttenstein
Johannes, geboren am 3.5.1717,
verstorben am 21.2.1725, Schönau
Catharina, geboren am 9.10.1722,
„eingelegt" von einer bettelnden Magd,
Sterbedatum unbekannt

Jakob Grillenberger,
Sohn der Wagenlehnerin

Geboren am 8.7.1693, Zell,
verhaftet am 10.9.1730,
verstorben am 14.5.1731, Zellhof (im Kerker)

Heirat am 28.11.1725, Zell,
mit Sibilla Linsgeseder vom Mosergut in Ellerberg
zum Lindnergut

Zwei Kinder
Matthias, geboren am 12.1.1727,
verstorben am 12.11.1742, Zell
Michael, geboren am 9.9.1729,
Sterbedatum unbekannt

Regina Grillenberger, verehelichte Körner,
Tochter der Wagenlehnerin

Geboren am 22.4.1696, Zell,
verhaftet am 10.9.1730,
hingerichtet am 10.10.1731, Ruttenstein

Heirat am 13.8.1724, Schönau,
mit Matthias Körner (verstorben 1734) zum
Kreuzbergergut in Schönau

Kinder
Michael, geboren am 28.8.1727,
verstorben am 3.9.1752, Schönau

Johannes Grillenberger,
Sohn der Wagenlehnerin

Geboren am 16.6.1699, Zell,
verhaftet am 11.9.1730,
hingerichtet am 20.8.1731, Schwertberg

Matthias Grillenberger,
Sohn der Wagenlehnerin

Geboren am 13.2.1703, Zell,
verhaftet am 11.9.1730,
gestorben am 6.6.1731, Zellhof (im Kerker)

Maria Grillenberger,   *(Miedl)*
Tochter der Wagenlehnerin

Geboren am 6.7.1708, Zell,
verhaftet am 2.8.1729,
hingerichtet am 7.11.1730, Zellhof

Simon Grillenberger, *(Simandl)*
Sohn der Wagenlehnerin

Geboren am 13.7.1711, Zell,
verhaftet am 2.8.1729,
hingerichtet am 7.11.1730, Zellhof

Sibilla Wenigwiser,
Tochter der Magdalena Wenigwiser,
geb. Grillenberger,
Enkelin der Wagenlehnerin

Geboren am 16.4.1713, Schönau,
verhaftet am 11.6.1729,
hingerichtet am 7.11.1730, Ruttenstein

Zita Eder

EXKURS: HEXEN UND ZAUBERER IN LITERARISCHEN BEISPIELEN

Zauberkundige Frauen in der antiken und mittelalterlichen Literatur

In der antiken Literatur finden sich an vielen Stellen Berichte über zauberkundige Frauen, die abseits der Zivilisation in Wäldern und Höhlen leben und über geheimes Wissen verfügen. Sie kennen Zauberkräuter, Salben, Sprüche und Rituale. Details der Beschreibungen finden sich im Hexenbild der frühen Neuzeit wieder, z. B. die Beeinflussung des Wetters oder der Schadenzauber. Besonders Frauen mit starkem Selbstbewusstsein wurden häufig dämonische Eigenschaften nachgesagt.

In der griechischen Mythologie finden wir Hekate als Göttin der Magie, der Theurgie (nützliche Rituale und Praktiken) und der Nekromantie (Totenbeschwörung).

Kirke (auch Circe oder Zirze) ist Zauberin und Schicksalsgöttin und wird als Urmutter der Hexen gesehen. Sie braut Zaubertränke aus Kräutern und „bezirzt" die Männer mit ihrer Schönheit.

Medea ist eine zauberkundige Königstochter, die aus Rache zur Mörderin ihrer Kinder wird.

Durch die Tradierung antiker Stoffe fanden diese Zauberinnen in die höfische Literatur des Mittelalters Eingang, etwa in „Tristan" von Gottfried von Straßburg und in „Parzival" von Wolfram von Eschenbach.

Hexen in der Literatur
des 15. bis 17. Jahrhunderts

In dieser Zeit erfolgte die literarische Ausformung des Hexenbildes als komische Figur, wechselweise als alte, hässliche Frau oder als junges, verführerisches Weib. In vielen Texten von Hans Sachs werden Ehefrauen und Hexen in schwankhafter Weise als gierig und listig dargestellt. Komische Effekte entstehen oft durch ihre Weigerung, sich dem Manne unterzuordnen.

Grimmelshausen berichtet in seinem Werk „Simplicissimus" aus der Zeit des Dreißigjährigen Krieges über eine geheime Hexenversammlung sowie über das Schicksal der „Erzbetrügerin" Courasche, deren Verhalten nicht den Normen der damaligen Zeit entspricht, weshalb sie mit Hexerei in Zusammenhang gebracht wird.

1606 verfasste William Shakespeare die Tragödie „Macbeth". Er verknüpfte dabei historische Fakten mit Aberglaube, Mythologie und Fiktion. Hekate, die Göttin der Hexerei, sowie die drei Hexen (auch als unheimliche Schwestern bezeichnet) stehen für die übernatürliche Macht des Schicksals. Die rund um den brodelnden Kessel versammelte Hexenschar entspricht dem klassischen Bild einer Hexenversammlung.

Das Hexenbild in der Literatur
der Romantik und Aufklärung

Die Aufklärung bringt natürlich auch den Hexen- und Teufelsglauben zu Fall und sucht stattdessen nach rationellen Erklärungen. Hexen tauchen danach in vielen Texten wieder auf und werden zum Teil als „weise Frauen" romantisiert und auch rehabilitiert.

Durch die Märchen der Brüder Grimm sowie durch die Überlieferung zahlreicher Volkssagen erfährt die Figur der Hexe, auch in ihrer bildlichen Darstellung, vielfältige Ausformungen.

Hexenthema und Teufelspakt finden sich an prominenter Stelle in Goethes „Faust". Im ersten Teil wird der Hexensabbat als fulminantes Fest der Sinne zelebriert. Faust wird von Mephisto in eine Hexenküche geführt, wo ein Verjüngungstrank für ihn gebraut werden soll. Dabei trägt die Hexe aus einem dicken Buch einen beschwörenden Zauberspruch vor:

Du musst verstehn!
Aus Eins mach Zehn,
Und Zwei lass gehn,
Und Drei mach gleich,
So bist Du reich.
Verlier die Vier!
Aus Fünf und Sechs –
So sagt die Hex –
Mach Sieben und Acht,
So ist's vollbracht:
Und Neun ist Eins,
Und Zehn ist keins.
Das ist das Hexen-Einmaleins!

Literatur des 19. Jahrhunderts über reale Hexenprozesse

Die Erforschung der Hexenverfolgung führt zu einer realistischen Darstellung der Hexenfigur. Die Novelle

„Der Hexensabbath" von Ludwig Tieck thematisiert historische Hexenprozesse und die Gefahr von Verblendung und Massenwahn. Auch von Ludwig Bechstein, Wilhelm Raabe, Theodor Storm und Gottfried Keller werden reale, historische Quellen zur literarischen Bearbeitung des Hexenthemas herangezogen.

Hexen in der gegenwärtigen Literatur mit besonderem Augenmerk auf die Kinder- und Jugendliteratur

Im 20. Jahrhundert existieren verschiedene Hexenbilder parallel, wobei generell eine deutliche Wendung hin zu einem positiveren Bild festzustellen ist, woran nicht zuletzt die Frauenbewegung Anteil hat.

Die Dichterin Else Lasker-Schüler (geb. 1869) ahnte schon sehr früh die kommende Katastrophe der NS-Zeit voraus: „Unsere Töchter wird man verbrennen auf dem Scheiterhaufen. Nach mittelalterlichem Vorbild! Der Hexenglaube ist auferstanden. Aus dem Schutt der Jahrhunderte. Die Flamme wird unsere unschuldigen jüdischen Schwestern verzehren. Die Tage sind gehetzt und die Nächte ruhelos."

Im Kinderbuch „Hatschi Bratschis Luftballon" von Franz Karl Ginzkey aus dem Jahre 1904 wird noch die listige, böse Hexe bis zu ihrem grausamen Verbrennungstod ausführlich dargestellt. Das Buch ist auch heute noch in den Büchereien zu finden. Der folgende Textausschnitt stammt aus einem Nachdruck aus dem Jahr 2006:

Tief im Walde, ganz allein,
wohnt die Hexe Kniesebein.
Aus dem Häuschen in die Luft
steigt ein feiner Bratenduft.
Fritz, der großen Hunger spürt,
schaut, woher das Duften rührt.
Wird er nicht die Hexe sehn?
Weh, sonst ist's um ihn gescheh'n!
Seht, sie schleicht in Fritzchens Näh,
ängstlich schaut das kluge Reh,
und es ruft ein großer Rabe:
„Armer Knabe, armer Knabe!"
Weh, die Hexe hat ihn schon,
lächelt schon voll List und Hohn.
Hei, da saust der Luftballon
pfeilschnell durch die Luft davon.
Seht die Hexe, wie sie hängt!
Weh dir, Fritz, wenn sie dich fängt!
Doch die Hexe kann zum Glück
vorwärts nicht und nicht zurück.
Ihre Last wird ihr zu schwer,
lange hält sie sich nicht mehr.
Auf den Schornstein der Fabrik
springt sie jetzt mit viel Geschick,
glaubt, sie wird gerettet sein:
Weh dir, Hexe Kniesebein!

Flammen schlagen aus dem Schlot,
bringen sie in arge Not,
und schon fangen Feuer gar
ihre Kleider und ihr Haar.
Wie sie knistert, wie sie raucht,

wie sie pustet, wie sie pfaucht.
Plötzlich brennt sie lichterloh,
heller als ein Bündel Stroh.
Schrecklich schreit sie: „Feuerjo!
Hussa, hussa, trololo!"
Immer wilder wird ihr Tanz,
immer lauter ihr Geschrei,
jämmerlich verbrennt sie ganz.
Gott sei Dank, nun ist's vorbei!

Das 1957 erschienene Buch „Die kleine Hexe" von
Otfried Preußler markiert einen Wendepunkt in der
Kinder- und Jugendliteratur. Darin erscheint die
Hexe nun als Helferin der Kinder und Tiere. Die
kleine Hexe möchte sich in der Walpurgisnacht den
anderen Hexen anschließen und bekommt als Bedin-
gung die Aufgabe gestellt, innerhalb eines Jahres zu
einer guten Hexe zu werden. Die kleine Hexe bemüht
sich, viele gute Taten zu vollbringen, der Hexenrat
aber gibt ihr zu verstehen, was eine „gute" Hexe aus-
macht, nämlich böse zu sein. Die kleine Hexe akzeptiert dies nicht und durch ihre Zauberkunst kommt
den anderen Hexen die Hexenkunst abhanden.

1980 wurde die nach wie vor beliebte Kinder-
hörspielserie „Bibi Blocksberg" von Elfie Donnelly
geschaffen. Die Hauptfigur Bibi, deren Nachnamen
an den Brocken (Blocksberg) erinnert, erlebt verschie-
denste Abenteuer. Ihre Hexenkunst führt dabei eher
zu lustigen, denn zu bedrohlichen Situationen.

Hexen, Zauberer und Zauberinnen sind bis heute
für Bestseller in der Kinder- und Jugendliteratur
geeignet, wie die weltweit erfolgreiche Roman- und

Reihe „Harry Potter" der Britin Joanne K. Rowling zeigt. Der Hauptakteur Harry Potter wird mit elf Jahren Schüler in einem englischen Zauberinternat. Dort findet er Freunde, mit denen er gegen einen bösen Magier und dessen Gefolgsleute kämpft, die nach der Herrschaft über die Zauberwelt trachten.

Nicht zu vergessen ist aber auch die Verbrennung der Harry-Potter-Bücher im US-Bundesstaat New Mexico im Jahr 2002: Motivation dafür war die Angst vor der Indoktrination junger Menschen durch Aberglauben und Magie.

„Hexenbücher" verkaufen sich gut in unserer Zeit, seien es fiktive Romane oder Texte mit realem Hintergrund. Filme und Sachbücher über „gute Hexen" und Horrorgeschichten über „böse Hexen" erfreuen sich größter Beliebtheit. Nicht nur die Verkaufszahlen der angeführten Medien, auch der rege Zulauf zu esoterischen Angeboten, zu Weissagern, Astrologen oder Heilerinnen als eine Art „moderne Hexen" spricht eine deutliche Sprache. So stellt sich die Frage, warum Allmachtsfantasien und „Hexenkünste" gerade in unserer heutigen Welt ein so breites Publikum ansprechen.

Zita Eder

DER SCHEITERHAUFEN

In meiner Kindheit
war der Scheiterhaufen
meiner Mama
meine Lieblingsspeise

Das änderte sich radikal
als ich in der 3. Klasse Volksschule lernte
dass die Wagenlehrerin
auf dem Scheiterhaufen verbrannt wurde
weil sie ein Hexe war

Zita Eder

LITERATURVERZEICHNIS

Verwendete und weiterführende Literatur

Isabella Ackerl, Als die Scheiterhaufen brannten. Hexenverfolgung in Österreich, Wien 2011

Wolfgang Aistleitner, Die Hexenmacher.Eine Familienausrottung. Ein Schauspiel über den historischen Wagenlehnerprozess zu Zell, Uraufführung 2018

Wolfgang Behringer, Hexen. Glaube – Verfolgung – Vermarktung, München 2005

Elmar Bereuter, Hexenhammer. Historischer Roman, München 2017

Maria Ludmilla Berghammer, Der Greinburger Hexenprozess 1694/95, Diplomarbeit, Wien 1987

Xaver Beyrl, Gibt es heute noch Hexen und, wenn ja, wer sind die Hexen in unserer Gesellschaft des 20. Jahrhunderts?, Fachbereichsarbeit, BORG Perg 1998

Fritz Byloff, Hexenglaube und Hexenverfolgung in den österreichischen Alpenländern, in: Quellen zur deutschen Volkskunde, sechstes Heft, hg. von V. v. Geramb und L. Mackensen, Berlin und Leipzig 1934

DEHIO-HANDBUCH. Die Kunstdenkmäler Österreichs, Band I, Mühlviertel, hg. vom Bundesdenkmalamt, Horn und Wien 2003

Adalbert Depiny (Hg.), Oberösterreichisches Sagenbuch, Linz 1932

Dieter Eder, Der Hexenwahn der Barockzeit und der Wagenlehnerprozess, in: Schönau i. M., Die Geschichte eines Dorfes und seiner Menschen, erforscht und erzählt von Dr. Dieter Eder, Schönau i. M. 2006

Anna Ehrlich, Hexen – Mörder – Henker. Eine Kriminalgeschichte, Wien 2006

Fritz Fellner, Gernot Kocher und Ute Streitt (Hg.), Schande, Folter, Hinrichtung. Forschungen zu Rechtssprechung und Strafvollzug in Oberösterreich, Ausstellungskatalog des OÖ. Landesmuseums, Linz 2011

Hilda Fröhlich, Aufzeichnungen zur Inszenierung des Schauspiels „Der Wagenlehnerprozess" von Lambert Stelzmüller, Bad Zell 1985

Franz Karl Ginzkey, Hatschi Bratschis Luftballon, Langenzersdorf 2006

Bruno Gloger und Walter Zöllner, Teufelsglaube und Hexenwahn, Wien, Köln und Weimar 1999

Florian Gmeiner, Das Verhör und die Hinrichtung des Johannes Grillenberger 1731. Geschichtliche Erzählung, in: Otto Milfait, Das Mühlviertel. Sprache, Brauch und Spruch, 6. Band, Gallneukirchen und Wilhering 2016

Johann Wolfgang von Goethe, Faust. Der Tragödie erster Teil, Deutsche Klassiker, Band 5, Stuttgart o.J.

Hagenberg. Kirche, hg. von der Marktgemeinde Hagenberg, Hagenberg 2005

Heilkräfte der Natur, Wender & Aberglaube, hg. vom Naturpark Mühlviertel, Rechberg 2010

Heimatbuch des Marktes Zell bei Zellhof, hg. vom Riedmarkausschuss des Marktes Zell bei Zellhof, Linz 1930

Heimatkundliches Lesebuch des Bezirkes Freistadt, hg. vom Pädagogischen Institut des Bundes in OÖ., Linz 1969

Franz Huber, „Der Grillenbergerprozess, Teil I, 1729−1731", in puncto magiae et aliorum criminum angeklagt die Wagenlehnerhexe (Magdalena Grillenberger von Aich 48), sechs ihrer Kinder und die Enkelin Sibilla Wenigwiser bei der Landesgerichtsherrschaft Prandegg im Schloss Zellhof und bei der Landesgerichtsherrschaft Ruttenstein in Weißenbach. Nach den 914 Seiten Gerichtsakten aus Schachtel 19 „Prandegg-Zellhof" aus dem Schlossarchiv Greinburg, mit 81 Seiten Beilagen, insgesamt 414 Seiten Transkription und Beilagen, 1. Auflage: Aschbach, 12.12.1990, 2. Auflage 7.10.1994, Gemeindeamt Bad Zell

Derselbe, „Der Grillenbergerprozess, Teil II, 1730−1731", gegen den in puncto magiae und bestialitas angeklagten Johann Grillenberger, einen Sohn der „Wagenlehnerhexe" Magdalena Grillenberger, bei der Landesgerichtsherrschaft Schwertberg. 247 Seiten nach den vorhandenen 260 Aktseiten aus dem Schlossarchiv Schwertberg (im OÖ. Landesarchiv), Transkription und Beilagen, Aschbach, 15.2.1991, Gemeinde Bad Zell

Derselbe, Gesamtübersicht. Hexen- und Zaubereiprozesse Oberösterreich 1570 bis 1803, Aschbach 1994

Clemens N. Hutter, Hexenwahn und Aberglaube. Damals und heute, Salzburg 2007

Irene und Christian Keller, Glaube? Aberglaube? Volksfrömmigkeit. Gelehrtenmagie, Begleitkatalog zur Ausstellung im Kulturgut-Hausruck und im Kulturama Schloss Tollet, Linz 2014

Ernst Kollros, Im Schatten des Galgens. Aus Oberösterreichs blutiger Geschichte, Weitra o.J.

Derselbe, Richtstätten im östlichen Mühlviertel und im angrenzenden Waldviertel, in: OÖ. Heimatblätter, 47. Jahrgang, Heft 1, Linz 1993

Derselbe, Mühlviertler Hexen- und Zaubereiprozesse im Rahmen der europäischen Entwicklung, in: OÖ. Heimatblätter, 49. Jahrgang, Heft 1, Linz 1995

Trude Kowarsch-Wache, Die „Grillenberger"-Hexenprozesse 1729–1731, Maria Enzersdorf Südstadt 2015

Heinrich Kramer (Institoris), Der Hexenhammer. Malleus Maleficarum. Kommentierte Neuübersetzung, hg. und eingeleitet von Günter Jerouschek und Wolfgang Behringer, München 2000

Landgerichtsakten-Herrschaftsprotokolle Zellhof, Z 32, OÖ. Landesarchiv

Marktgemeindeamt Zell bei Zellhof, Oberösterreich, Kundmachung vom 27. April 1963 über den Verkauf von Schloss Zellhof

Heinrich Marzell, Zauberpflanzen – Hexentränke, Stuttgart 1963

Matrikenbücher der Pfarre Kreuzen, Register zu den Kirchenbüchern, Band I bis IV, Taufen 1607 bis 1784, angelegt von Josef Heider, Wien 1965, OÖ. Landesarchiv

Matrikenbücher der Pfarre St. Thomas am Blasenstein, Register zu den Kirchenbüchern, Band I bis IV, Taufen, Hochzeiten, Begräbnisse, 1671 bis 1784, angelegt von Josef Heider, Wien 1965, OÖ. Landesarchiv. (Die Matriken der Pfarre St. Thomas am Blasenstein beginnen erst mit dem Jahre 1671. Vermutlich sind die Aufzeichnungen aus der Zeit vor 1671 verloren gegangen.)

Matrikenbücher der Pfarre Schönau im Mühlkreis, Register zu den Kirchenbüchern, Band I b bis I c, Taufen, Hochzeiten, Begräbnisse, 1699 bis 1784, angelegt von Josef Heider, Wien 1961, OÖ. Landesarchiv

Matrikenbücher der Pfarre Zell bei Zellhof, Register zu den Kirchenbüchern, Band I bis V, Taufen 1620 bis 1804, Hochzeiten 1620 bis 1817, Begräbnisse 1620 bis 1817, angelegt von Josef Heider, Wien 1972, OÖ. Landesarchiv

Leopold Mayböck, Über Aberglauben, Zauberei und Hexerei im Laufe der Geschichte. Der Wagenlehner-Hexenprozess. Kriminalprozess im Landgericht Schwertberg, in: Windegger Geschehen, hg. vom Arbeitskreis Windegg im Schwertberger Kulturring, Schwertberg März 1988

Derselbe, Die Umgebung von Schwertberg im Spätmittelalter, in: Geschichtsblätter, Band 2, Die Herrschaften von Windegg und Schwertberg vom 14. bis 16. Jahrhundert, hg. vom Arbeitskreis Windegg im Schwertberger Kulturring, Schwertberg 1990

Derselbe, Das Landgericht Schwertberg 1591–1850. Teil II, in: Windegger Geschehen, hg. vom Arbeitskreis Windegg im Schwertberger Kulturring, Schwertberg Mai 2009

Josef Mayr, Der Hexenprozess Grillenberger im Schloss Zellhof 1729–1731, Abschriften aus den Originalakten, Hagenberg 1895, OÖ. Landesarchiv

Nachlass Franz Huber, OÖ. Landesarchiv

Nachlass Axel Krause, OÖ. Landesarchiv

Nachlass Julius Strnadt, OÖ. Landesarchiv

Franz Pfeffer, Hexenprozesse in Oberösterreich, in: Heimatland Oberösterreich, November 1934

David Pickering, Lexikon der Magie und Hexerei, Augsburg 1999

Peter Prange, Die Philosophin, Historischer Roman, Frankfurt am Main 2014

Otfried Preußler, Die kleine Hexe, Stuttgart 2005

Hansjörg Rabanser, Hexenwahn. Schicksale und Hintergründe, Innsbruck und Wien 2006

Lutz Roth, Max Daunderer und Kurt Kormann, Giftpflanzen – Pflanzengifte, 4. Auflage, Landsberg/Lech 1994

Martin Scheutz, Hexen- und Magieforschung in Oberösterreich, in: Jahrbuch des OÖ. Museal-Vereins, Band 147/I, Linz 2002

Schlossarchiv Greinburg, Herrschaftsarchiv Prandegg-Zellhof

Friedrich Schober, Unterweißenbach. Ein Heimatbuch des Marktes und seiner Umgebung, Linz 1948

William Shakespeare, Das Trauerspiel vom Macbeth, = Theatralische Werke, hg. von Hans und Johanna Radspieler, Band 15, Zürich 1993

Anton Ritter von Spaun, Rococo-Justiz. Ein Beitrag zur Geschichte der älteren peinlichen Gerichtspflege, in: Museal-Blatt Nr. 22 und 23, Linz 1841

Herbert Stadler, Kulturgüter in der Marktgemeinde Bad Zell. Kleindenkmäler der Marktgemeinde Bad Zell, Bad Zell 2011

Lambert Stelzmüller, Das Marktgericht in Zell bei Zellhof, in: Heimatgaue. Zeitschrift für oberösterreichische Geschichte, Landes- und Volkskunde, hg. von Adalbert Depiny, 7. Jahrgang, Linz 1926

Derselbe, Schauspiel „Der Wagenlehnerprozess", Uraufführung 1930

Lambert Stelzmüller und Alois Schmidt, Heimatbuch der Marktgemeinde Bad Zell, hg. von der Marktgemeinde Bad Zell, Linz 1985

Julius Strnadt, Materialien zur Geschichte der Entwicklung der Gerichtsverfassung und des Verfahrens in allen Vierteln des Landes ob der Enns bis zum Untergange der Patrimonialgerichtsbarkeit, Wien 1909

Helfried Valentinitsch (Hg.), Hexen und Zauberer, Die großen Verfolgungen – ein europäisches Phänomen in der Steiermark, Graz 1987

Helfried Valentinitsch und Ileane Schwarzkogler (Hg.), Hexen und Zauberer, Katalog der Steirischen Landesausstellung, Graz 1987

Welser Kurzweilkalender, Erzählung „Die Wagenlehnerin", 1897

Sibylle Wentker, Die Greinburger Prozesse 1694/95, Staatsprüfungsarbeit, Wien 1995

Hans-Jürgen Wolf, Hexenwahn. Hexen in Geschichte und Gegenwart, Dornstadt 1990

Barbara Wolflingseder, Dunkle Geschichten aus dem Alten Österreich, Wien, Graz und Klagenfurt 2013

Zeitungsberichte

Linzer Volksblatt für Stadt und Land, I. Jahrgang, Nr. 25 – 33, 1. bis 11. Februar 1869: Plauderstündchen aus der guten, alten Zeit II. Eine Hexengeschichte aus Oberösterreich von H. W. Pailler über die „Hinrichtung der Wagenlehnerin zu Steyregg".

Pailler beruft sich in seinem Bericht auf seine Urgroßmutter als Augenzeugin der Hinrichtung. Verhaftung und Hinrichtung vermutet er 1769/70. Ob es sich dabei um die durch mündliche Überlieferung veränderte Geschichte von der Wagenlehnerin zu Zell handelt, ist nicht bekannt.

Greiner Wochenblatt, 5. Jahrgang, Nr. 14 – 18, 2. bis 30. April 1910: Der Prandegger Hexenprozess 1729 – 1731, nach dem Originalakt, Vortrag von Herrn Adolf Semek, k. k. Landesgerichtsrat in Grein, gehalten beim Vortragsabende des Vereines „Deutsche Heimat" (Ortsgruppe Grein) am 9. März 1910

Bilderwoche der Linzer Tagespost, 8. Jahrgang 1931: Die Wagenlehner-Hexe. Ein Hexenprozess vor 200 Jahren

Mühlviertler Bote, Nr. 54, 15. Juni 1946: Die letzten Opfer wahnwitzigen Aberglaubens: Mühlviertler Hexenprozess vor 215 Jahren

Mühlviertler Bote, Nr. 142 – 147, 15. Dezember 1951 bis 7. Februar 1952: Erich Litschel: Der letzte Mühlviertler Hexen-Prozess

Mühlviertler Nachrichten, 15. Oktober 1964: Sagen aus dem Mühlviertel, Fritz Winkler: Das Ofnerkreuz in Zell bei Zellhof

Mühlviertler Bote, Nr. 7, 23. Jahrgang, 1968: Die Wagenlehner-Familie vor dem Hexengericht

OÖ. Nachrichten, 27. April 1991: Wilhelm Schuster: Böser Blick, Warzen, Muttermale. In der Walpurgisnacht trafen sich die Hexen mit dem Satan

Kirchenzeitung der Diözese Linz, 29. Mai 1997: Josef Wallner: Geschichte lebt. 850 Jahre Pfarre und Markt Pabneukirchen

Der Perger, 8. April 1998: Geschichte: Der Maturant Xaver Beyrl beschäftigte sich mit dem Hexenprozess von Bad Zell. Die „Wagenlehnerin" am Scheiterhaufen

Kirchenzeitung der Diözese Linz, 12. Juni 2003: Josef Wallner: Die Wagenlehner Hex

Internet

http://hexenprozesse-leipzig.de
http:// www.ooegeschichte.at
http://de.wikipedia

Bildnachweis

Seite 16 Der alte Wagenlehnerhof (Fam. Stiftner und Populorum)

Seite 18 „Die Hexenmacher.Eine Familienausrottung" (Sebastian Fröhlich)

Seite 21 Wolfgang Aistleitner (Karin Wansch)

Seite 22 Lambert Stelzmüller (Gemeinde-Pfarrarchiv Bad Zell)

Seite 23 „Der Wagenlehnerprozess" (Gemeinde Bad Zell)

Seite 24 Hilda Fröhlich (Gemeinde Bad Zell)

Seite 25 Die Folterung der Wagenlehnerin durch den Landgerichtsdiener (Gemeinde Bad Zell)

Seite 26 Das Geständnis der Wagenlehnerin vor dem Pfleger (Gemeinde Bad Zell)

Seite 31 Das Ofnerkreuz (Kons. Herbert Stadler)

Seite 141 Landgerichtskarte. Aus: Historischer Atlas der Österreichischen Alpenländer (OÖ. Landesarchiv)

Seite 156 Kupferstich aus der „Topographia Superioris Modernae" von 1674 des Georg M. Vischer

Seite 157 Schloss Zellhof (Gemeinde Bad Zell)

Kurzbiografien

Dr. iur. Wolfgang Aistleitner, Waxenberg
Richter in Pension, Autor, Regisseur, Laienschauspieler
Veröffentlichungen in juristischen Fachzeitschriften
und Büchern
Verfasser von Bühnenstücken über die Justiz
Gründer der Justiztheatergruppe „Das Tribunal"

Mag. Dr. theol. Dieter Eder, Schönau
Pädagoge, Theologe, Autor, Kulturschaffender, Konsulent
Dissertation über Kirche am Land im historischen Kontext
Autor von Theaterstücken mit historischem Hintergrund
Veröffentlichungen zur Geschichte der Burgruine Prandegg

Mag.ª phil. Zita Eder, Bad Zell
Pädagogin, Autorin, Kulturschaffende
Veröffentlichungen in pädagogischen Fachzeitschriften
Journalistische und literarische Publikationen

Mag.ª Dr. in iur. Karin Neuwirth, Linz
Stellvertretende Institutsvorständin des Instituts für
Legal Gender Studies der Johannes Kepler Universität Linz
Arbeits- und Forschungsschwerpunkte im Bereich der
Geschlechtergeschichte, des historischen und aktuellen
Sozial- und Familienrechts sowie des Gleichbehandlungs-
und Antidiskriminierungsrechts

Mag. phil. Mag. theol. Pater Maximilian Schiefermüller OSB
Bad Zell – Admont
Prior des Stiftes Admont, Stiftsarchivar, Stiftsbibliothekar,
Superior von Frauenberg, Pfarrer von Frauenberg-Ardning
und Hall
Zahlreiche Artikel in historischen Publikationen und Zeit-
schriften mit Forschungsschwerpunkten Ordensgeschichte,
Landes- und Regionalgeschichte, Benediktinerstift Admont
und Bad Zell

„Die Hexenmacher. Eine Familienausrottung"

Autor und Regisseur: *Wolfgang Aistleitner*
Uraufführung: *21. September 2018, Bad Zell*
Musikalische Gestaltung: *Theaterchor und Theaterorchester*

BESETZUNGSLISTE

Wagenlehnerin: *Elisabeth Neulinger*
Sibilla: *Bianca Hoffelner*
Fürst: *Gottfried Fürst*
Bischof: *Horst Populorum*
Richter I, II, III: *Erich Mittmannsgruber, Fred Hofko, Andreas Buchmayr*
Beichtvater: *Franz Gumpenberger*
Freimann: *Christoph Naderer*
Frau des Freimanns: *Elisabeth Danmayr*
Wagenlehner: *Karl Eder*
Bader Hochmayr: *Johann Schinnerl*
Bader Huber: *Reinald Ittensamer*
Kreuzberger: *Berthold Moser*
Maria Grillenberger: *Johanna Haider*
Simon Grillenberger: *Nikolaus Rührnessl*
Magdalena Wenigwiser, geb. Grillenberger: *Anna Nussbaummüller*
Regina Körner, geb. Grillenberger: *Melanie Rührnessl*
Jakob Grillenberger: *Ulrich Binder*
Matthias Grillenberger: *Nikolaus Pilz*
Johann Grillenberger: *Herbert Neumeister*
Dienerin I, II: *Anna Nussbaummmüller, Heidi Stöcher*
Soldat I, II: *Franz Gusenbauer, Florian Tischberger*
Erzähler/innen: *Wolfgang Aistleitner, Carina Bindreiter, Susanne Brunhofer, Greti Fabian, Inge Hofko, Margarete Schatz, Johann Wurm*
Volk: *Eva Altzinger, Susanne Brunhofer, Mitzi Ebner, Nikolaus Fröhlich, Barbara Holzer, Susanne Kastenhofer, Johann Mairböck, Berthold Moser, Herbert Neumeister, Maria Theresia Pilz, Tobias Pilz, Flora Populorum, Sigrid Populorum, Elisabeth Riegler, Margarete Schatz, Johanna Schinnerl, Magdalena Schinnerl, Wolfgang Stadler, Heidi Stöcher*